ジュニア野球

コーチングと練習メニュー

【監修】田中慎太郎

PART 1

PART 2

PART 3

打《う》ったボールを捕《と》る Ⅰ

PART 4

打《う》ったボールを捕《と》る Ⅱ

PART 5
バッテリーをやってみよう 106
ピッチング・キャッチングとバッテリーのフィールディング

PART 6
ダイヤモンドを走《はし》る 138
ベースランニングの基本《きほん》

PART7

試合《しあい》でうまくなろう 156

攻撃《こうげき》と守備《しゅび》のチームプレー

PART8

ケガをしないためにやっておきたいことと知《し》っておきたいこと 176

PART 1

キャッチボールから始《はじ》める

投《な》げる、受《う》けるの基本《きほん》

ボールを投《な》げる、ボールを受《う》ける、ボールを打《う》つ、野球《やきゅう》でたいせつな3つの技術《ぎじゅつ》のうちの2つは、どこでもできるキャッチボールが基本《きほん》です。キャッチボールをしっかり練習《れんしゅう》してボールとグラブに慣《な》れることで、コントロールのいいボールを投《な》げるための体《からだ》の使《つか》い方《かた》やどんなボールでもこわがらずにしっかりと受《う》け取《と》る自《じ》信《しん》がだんだんと身《み》についてきます。

できるようになりたい

POINT

- 自然《しぜん》に正《ただ》しくボールを握《にぎ》る
- 肩《かた》をしっかり回《まわ》すオーバースローのフォーム
- 投《な》げるときの正《ただ》しい足《あし》の向《む》き
- 手首《てくび》のスナップ
- 腰《こし》の回転《かいてん》で投《な》げる
- 手《て》のひらでボールを受《う》ける
- 体《からだ》の正面《しょうめん》でボールを受《う》ける
- ゴロを両手《りょうて》で捕《と》る

前《まえ》へのステップ

まずはボールをきちんと握《にぎ》る習慣《しゅうかん》をつける

どんなときでもボールを正《ただ》しく握《にぎ》ることができる…野球《やきゅう》はここからスタートします。簡単《かんたん》なことのようですが、スタートをしっかりやっておかないと上達《じょうたつ》はどんどん遅《おく》れてしまいます。意《い》識《しき》しなくても自然《しぜん》に正《ただ》しく握《にぎ》れるようになりましょう。

ボールは回転《かいてん》しながら飛《と》んでいく

正《ただ》しく握《にぎ》るのはボールをうまく回転《かいてん》させるためです。投《な》げたあとのボールは回転《かいてん》しながら飛《と》んでいきます。正《ただ》しく握《にぎ》っていれば右《みぎ》のように縦《たて》に回転《かいてん》してコントロールよく飛《と》んでいくのですが、握《にぎ》り方《かた》がいいかげんだと回転《かいてん》がうまくつかなかったり、おかしな回転《かいてん》になって飛《と》ぶ方向《ほうこう》が変化《へんか》してしまったりするのです。

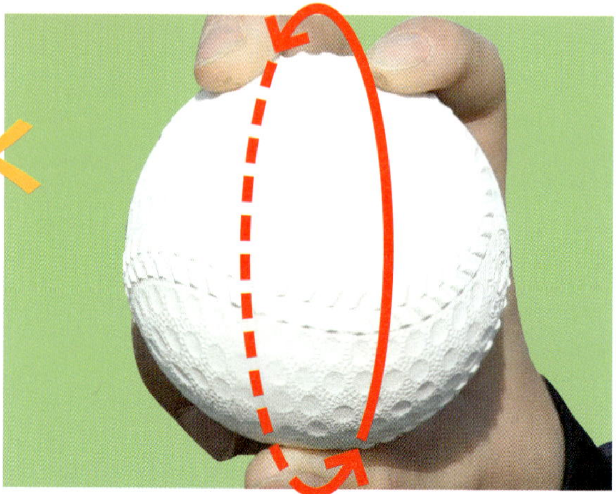

きちんと握《にぎ》って投《な》げればボールは縫《ぬ》い目《め》模様《もよう》に対《たい》して縦方向《たてほうこう》に正《ただ》しく回転《かいてん》し、まっすぐに飛《と》びます。

5本《ほん》の指全部《ゆびぜんぶ》で握《にぎ》ってしまうとボールを十分《じゅうぶん》に回《かい》転《てん》させられません。

縫《ぬ》い目《め》に指《ゆび》がかかっていなかったり模様《もよう》を無視《むし》して握《にぎ》ると、ボールはうまく回転《かいてん》しません。

指《ゆび》3本《ぼん》で二等辺三角形《にとうへんさんかくけい》を作《つく》る

ボールの握《にぎ》りは人差《ひとさ》し指《ゆび》、中指《なかゆび》、親指《おやゆび》の3本《ぼん》が主役《しゅやく》です。薬指《くすりゆび》と小指《こゆび》は曲《ま》げてそえておくだけ、ボールの上側《うわがわ》に人差《ひとさ》し指《ゆび》と中指《なかゆび》をかけ親指《おやゆび》で下《した》からささえます。親指《おやゆび》の位置《いち》は上《うえ》2本《ほん》の指《ゆび》の中心線上《ちゅうしんせんじょう》。指《ゆび》3本《ぼん》で二等辺三角形《にとうへんさんかくけい》を作《つく》る感《かん》じです。

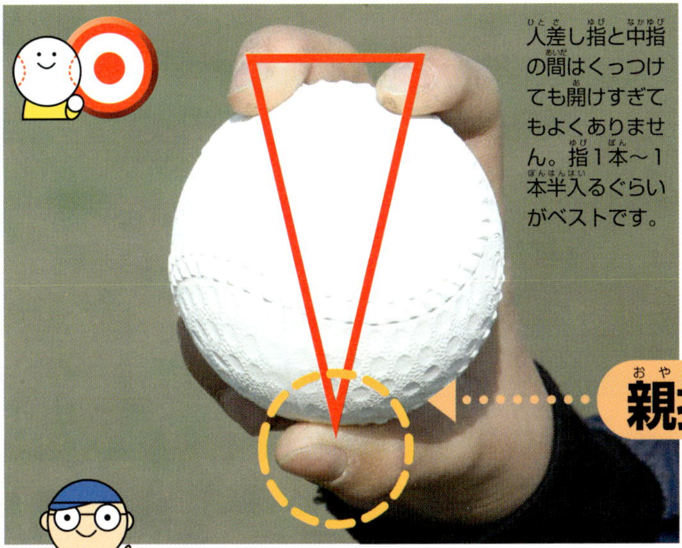

人差《ひとさ》し指《ゆび》と中指《なかゆび》の間《あいだ》はくっつけても開《あ》けすぎてもよくありません。指《ゆび》1本《ぽん》〜1本半入《ぽんはんはい》るぐらいがベストです。

人差《ひとさ》し指《ゆび》と中指《なかゆび》の腹《はら》が縫《ぬ》い目模《めも》様《よう》に直角《ちょっかく》に当《あ》たるように握《にぎ》ります。

親指《おやゆび》の横側《よこがわ》でささえる

上《うえ》2本《ほん》の指《ゆび》は腹《はら》をしっかりボールに当《あ》てますが、下《した》の親指《おやゆび》は腹《はら》ではなく指《ゆび》の横面《よこめん》を当《あ》てます。親指《おやゆび》の腹《はら》を当《あ》てるとまっすぐに握《にぎ》れなくなります。

これをやってみよう

コーチからのアドバイス

いつも縫《ぬ》い目模様《めもよう》に直角《ちょっかく》に指《ゆび》を当《あ》てて握《にぎ》れるようになるためには、反復練習《はんぷくれんしゅう》しかありません。軽《かる》く投《な》げ上《あ》げたボールをグラブで受《う》け、すぐにもう一方《いっぽう》の手《て》で正《ただ》しく握《にぎ》るという練習《れんしゅう》を家《いえ》で何度《なんど》も繰《く》り返《かえ》してください。指《ゆび》の感覚《かんかく》だけでぱっと握《にぎ》り替《か》えができるようになりましょう。

ボールを投《な》げてみよう

正《ただ》しい握《にぎ》りができたら、その握《にぎ》りで実際《じっさい》に投《な》げてみます。遠《とお》くへ投《な》げたり、早《はや》く投《な》げる必要《ひつよう》はありません。ゆっくりとフォームをチェックしながら投《な》げましょう。

トップでのボールは逆向《ぎゃくむ》き

手《て》を前《まえ》へ振《ふ》り出《だ》す直前《ちょくぜん》（トップ）、ボールは投《な》げる方向《ほうこう》と反対向《はんたいむ》きになります。ここからひじを下《さ》げないように前《まえ》に出《だ》していきます。

逆側《ぎゃくがわ》の手《て》でバランス

トップでグラブを持《も》つ手《て》は自然《しぜん》に前《まえ》に伸《の》ばします。体《からだ》のバランスをとるためで、手《て》が下《さ》がったままだとうまく投《な》げられません。

スナップをきかせる

ボールを投《な》げるときに手首《てくび》を上《うえ》から下《した》へ返《かえ》すのがスナップの動作《どうさ》。スナップをきかせないと思《おも》う方向《ほうこう》へは投《な》げられません。

下《した》→上《うえ》→下《した》と腕《うで》を使《つか》うのがオーバーハンドスロー。肩《かた》を大《おお》きく回《まわ》すという意識《いしき》もたいせつです。

腕《うで》のうごき 肩《かた》を回《まわ》して上《うえ》から下《した》へ。投《な》げたい方向《ほうこう》へしっかり腕《うで》を振《ふ》る。

うまくなればいろいろな投《な》げ方《かた》を使《つか》いますが、最初《さいしょ》は基本《きほん》のオーバーハンドスローを身《み》につけます。腕《うで》の使《つか》い方《かた》では、振《ふ》りかぶってからボールが手《て》を離《はな》れるまでひじを肩《かた》より高《たか》くすること、投《な》げたい方向《ほうこう》へしっかり腕《うで》を振《ふ》ること、手首《てくび》のスナップを利用《りよう》して投《な》げることがポイントです。

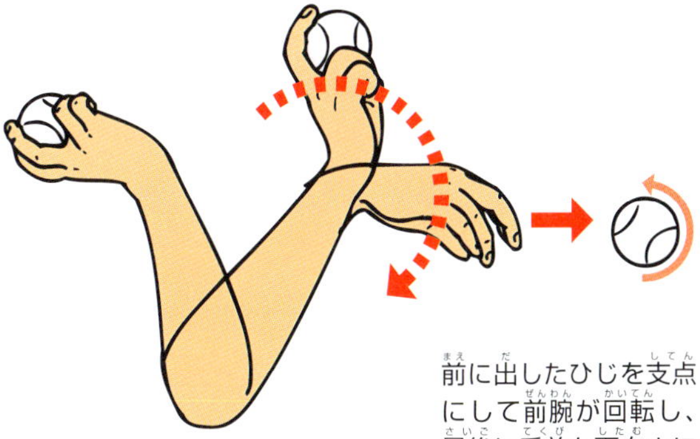

前《まえ》に出《だ》したひじを支点《してん》にして前腕《ぜんわん》が回転《かいてん》し、最後《さいご》に手首《てくび》を下向《したむ》きに返《かえ》すのがスナップです。

コーチへのアドバイス

スナップがうまくできない子《こ》には「トップでボールを逆向《ぎゃくむ》きに」を徹底《てってい》させましょう。

全身《ぜんしん》のうごき

足《あし》を使《つか》って体全体《からだぜんたい》で投《な》げる

軸足《じくあし》を小《ちい》さく踏《ふ》み出《だ》す

軸足《じくあし》（右投《みぎな》げなら右足《みぎあし》）を前《まえ》に小《ちい》さく踏《ふ》み出《だ》すことから投《な》げる動作《どうさ》を開始《かいし》します。軸足《じくあし》は投《な》げる方向《ほうこう》に直角《ちょっかく》に踏《ふ》み出《だ》すのがポイント。つま先《さき》を前《まえ》に向《む》けるとコントロールがつかず次《つぎ》の動作《どうさ》もスムーズにできません。

コーチへのアドバイス

ステップで体《からだ》を横向《よこむ》きにさせるのは、腰《こし》の回転《かいてん》を使《つか》って投《な》げることを覚《おぼ》えてもらうためです。最初《さいしょ》から横向《よこむ》きに立《た》たせて投《な》げさせてみるという方法《ほうほう》もあります。

ボールをうまく投《な》げるためには、腕《うで》の振《ふ》りだけではなく体全部《からだぜんぶ》をしっかり使《つか》うことがとてもたいせつです。ポイントは体《からだ》の方向《ほうこう》を変《か》える動作《どうさ》をくわえること。キャッチボールの相手《あいて》の方《ほう》を向《む》いたままではなく、足《あし》のステップで一度《いちど》体《からだ》を横《よこ》（相手《あいて》に対《たい》して）に向《む》けてから投《な》げるのです。

左足《ひだりあし》をステップして 左肩《ひだりかた》を投《な》げる方向《ほうこう》へ

腕《うで》をトップの位置《いち》に持《も》っていくと同時《どうじ》に左足《ひだりあし》を前《まえ》へ。これで体《からだ》が横向《よこむ》きになり左肩《ひだりかた》が投《な》げる方向《ほうこう》に向《む》きます。この姿勢《しせい》からひじを前《まえ》に出《だ》してボールを投《な》げます。

コーチへのアドバイス

最初《さいしょ》の1歩《ぽ》で90度《ど》にすることを繰《く》り返《かえ》せば、軸足《じくあし》の向《む》きが安定《あんてい》してきます。

まっすぐ投《な》げる。力《ちから》いっぱい投《な》げる。

コントロールやボールのスピード、遠《とお》くまで投《な》げることを意識《いしき》してみましょう。
力《ちから》を入《い》れたときでも、基本《きほん》の動《どう》作《さ》をきちんとやれるかどうかがポイントです。

軸足《じくあし》の幅《はば》の中《なか》へ

前《まえ》へステップする足《あし》は自然《しぜん》にまっすぐ踏《ふ》み出《だ》し、軸《じく》足《あし》の幅《はば》からはみ出《で》ないように。また、足《あし》の内側《うちがわ》（親《おや》指側《ゆびがわ》）に力《ちから》がかかるようにします。ステップする足《あし》が左右《さゆう》にずれると体《からだ》の向《む》きも変《か》わってしまいます。

相手《あいて》のグラブから目《め》を離《はな》さないこともコントロールをつける重要《じゅうよう》ポイントです。

肩《かた》の力《ちから》をぬいてフォームを確認《かくにん》しよう

ボールにスピードをつけようとするとコントロールが悪《わる》くなるのは、体《からだ》によけいな力《ちから》が入《はい》ってフォームがくずれるからです。体全体《からだぜんたい》（とくに肩《かた》）をリラックスさせ、前《ぜん》ページまでに説明《せつめい》した正《ただ》しいフォームを確認《かくにん》しながら投《な》げましょう。左足《ひだりあし》のステップをやや小《ちい》さくするとか基本動作《きほんどうさ》を小《ちい》さめにするとコントロールがつけやすくなります。

ひじは80～90度《ど》

トップからボールを前《まえ》へ運《はこ》ぶときのひじの角度《かくど》は80～90度《ど》。深《ふか》く曲《ま》げすぎても、伸《の》ばしすぎてもコントロールが悪《わる》くなり、力《ちから》も入《はい》りにくくなります。

ステップした足《あし》の内側《うちがわ》に力《ちから》がかかるように

コーチへのアドバイス

体《からだ》を横向《よこむ》きにした状態《じょうたい》で、後《うし》ろの太《ふと》ももに一度《いちど》ボールを当《あ》ててから投《な》げる練習《れんしゅう》で大《おお》きな腕《うで》の振《ふ》りができるようになります。

腰《こし》の回転《かいてん》を意識《いしき》して全身《ぜんしん》を大《おお》きく使《つか》う

これをやってみよう

コーチからのアドバイス

手首《てくび》をしっかりきかせないといくら体全体《からだぜんたい》を使《つか》ってもいいボールは投《な》げられません。スナップの感《かん》じがつかみにくい人《ひと》は、カマボコ板飛《いたと》ばしをやってみてください。ボールを握《にぎ》るように3本《ぼん》の指《ゆび》で板《いた》をはさみ、手首《てくび》の上《うえ》から下《した》への返《かえ》しで投《な》げます。板《いた》が回転《かいてん》して遠《とお》くまで飛《と》ぶようになればスナップの動作《どうさ》は完成《かんせい》です。

ボールを強《つよ》く遠《とお》くまで投《な》げるためには、できるだけ体全体《からだぜんたい》を大《おお》きく使《つか》うことがたいせつです。自分《じぶん》がもっとも動《うご》きやすい歩幅《ほはば》でステップして体《からだ》を横向《よこむ》きにしたあと、腰《こし》の回転《かいてん》を意識《いしき》しながら体《からだ》を前《まえ》に向《む》けて投《な》げましょう。腕《うで》だけで力《ちから》を入《い》れて投《な》げるとひじや肩《かた》の故障《こしょう》の原因《げんいん》になるので注意《ちゅうい》してください。

腰《こし》の回転《かいてん》

ひじを前《まえ》に出《だ》す腕《うで》の動《うご》きと腰《こし》の回転《かいてん》を同時《どうじ》にします。腰《こし》の回転《かいてん》で下半身《かはんしん》の力《ちから》をうまく使《つか》うのです。

腕《うで》を振《ふ》り切《き》る

ボールを離《はな》したあとも腕《うで》を止《と》めずに下《した》まで大《おお》きく振《ふ》り切《き》ります。腕《うで》を振《ふ》り切《き》らないとボールは遠《とお》くへ飛《と》びません。

ボールを受《う》けてみよう

飛《と》んできたボールを受《う》けるのは守備《しゅび》の基本《きほん》です。キャッチボールを通《とお》して、自然《しぜん》にグラブを使《つか》ってこわがらずにボールを受《う》けることができる自信《じしん》を身《み》につけましょう。

グラブは縦《たて》に持《も》って顔《かお》の少《すこ》し下《した》でかまえる

ボールを受《う》けるかまえ。両足《りょうあし》は肩幅《かたはば》よりやや広《ひろ》くして立《た》ち、ひじを軽《かる》く曲《ま》げて縦《たて》にしたグラブを顔《かお》の少《すこ》し下《した》でかまえます。

コーチへのアドバイス

低学年《ていがくねん》でボールをこわがる子《こ》には、下手《したて》で投《な》げたボールを顔《かお》ではなく胸《むね》の前《まえ》で受《う》けることから始《はじ》めます。

ボールに手《て》のひらを正確《せいかく》に向《む》け、もう一方《いっぽう》の手《て》はグラブにそえる

ボールを受《う》けるときは「体《からだ》の正面《しょうめん》で受《う》ける」「手《て》のひらで受《う》ける」「両手《りょうて》で受《う》ける」の3つが基本《きほん》です。体《からだ》の正面《しょうめん》が一番《いちばん》受《う》けやすいし、手《て》のひらでがっちり捕《と》ればポロリと落《お》とすことが少《すく》なくなります。また、両手《りょうて》を使《つか》えば捕《と》ったあとすぐに投《な》げられるからです。

もう一方《いっぽう》の手《て》でフタをする

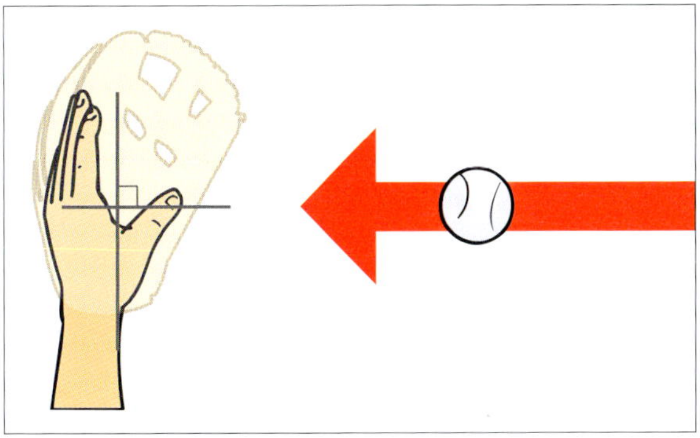

グラブの中《なか》の手《て》のひらはボールのコースに直角《ちょっかく》になるように向《む》けます。グラブの先端《せんたん》やアミではなく、この手《て》のひらにボールを入《い》れて指《ゆび》で握《にぎ》りこむ感《かん》じでキャッチするのです。

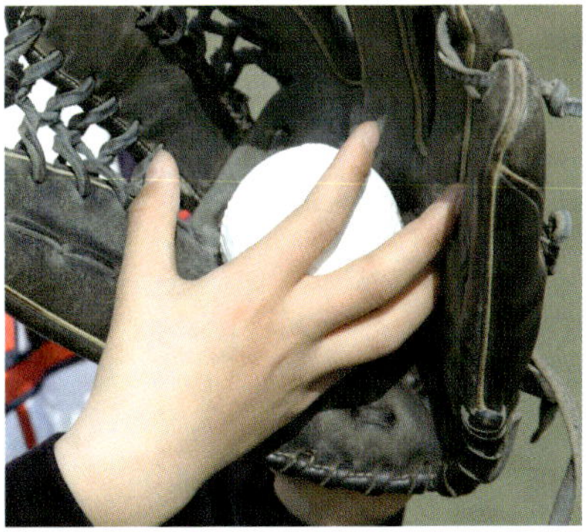

投《な》げる方《ほう》のもう一方《いっぽう》の手《て》はグラブにそえておき、ボールがグラブに入《はい》ったらフタをするようにグラブにくっつけてボールをおさえます。

できるだけ体《からだ》の正面《しょうめん》でボールを受《う》ける

体《からだ》の正面《しょうめん》で受《う》けるのが基本《きほん》といっても、いつも正面《しょうめん》にボールがくるとはかぎりません。試合《しあい》になればなおさらです。正面《しょうめん》にこないボールは、自分《じぶん》から動《うご》いて正面《しょうめん》で捕《と》れるようにしなければならないのです。グラブを伸《の》ばせば捕《と》れるようなボールでも、できるだけ動《うご》いて正面《しょうめん》で受《う》ける習慣《しゅうかん》をつけましょう。

左右《さゆう》にそれたボール

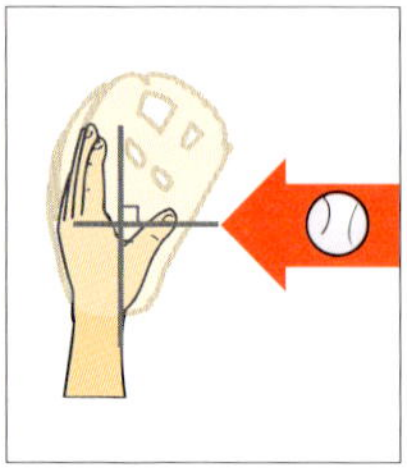

グラブ内《ない》の手《て》のひらはボールのコースに対《たい》して直角《ちょっかく》に。動《うご》いたときも同《おな》じです。

左《ひだり》へそれたボールは左足《ひだりあし》から1歩《ぽ》または2歩《ほ》横《よこ》へステップして捕《と》ります。

右《みぎ》にそれたボールは右足《みぎあし》から移《い》動《どう》して。ボールを体《からだ》の正面《しょうめん》に近《ちか》づけるクセをつけます。

低《ひく》いボール・高《たか》いボール

体《からだ》に届《とど》かない短《みじか》いボールは１～２歩前《ほぜん》進《しん》。ウエストから下《した》ならグラブを下《した》に向《む》けます。手《て》のひらをボールに直角《ちょっかく》にする基本《きほん》は変《かわ》りません。

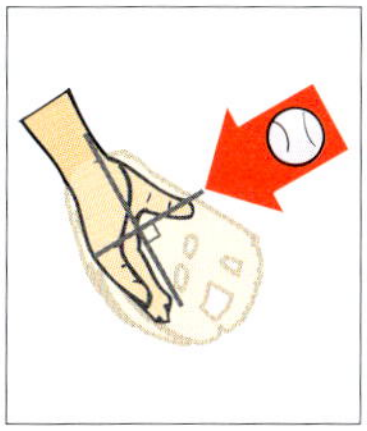

高《たか》いボールは数歩下《すうほさ》がって頭上《ずじょう》ではなく顔《かお》の前《まえ》で受《う》けられるように。ボールに対《たい》して直角《ちょっかく》になるよう手《て》のひらはやや上向《うわむ》きにします。

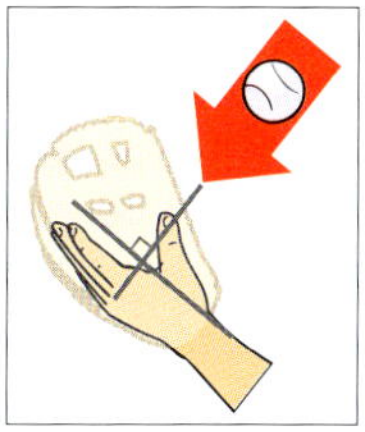

捕《と》ったあとでグラブを動《うご》かせるか？

体《からだ》を動《うご》かしても真正面《ましょうめん》で捕《と》れないこともあります。どのぐらいまで近《ちか》づければいいのか？「捕《と》ったあとで前後左右《ぜんごさゆう》にグラブを動《うご》かせる余裕《よゆう》のある位置《いち》」というのが目安《めやす》です。なぜならば、そのぐらいの余裕《よゆう》があれば捕《と》りやすいし次《つぎ》の動作《どうさ》も楽《らく》になるからです。手《て》をめいっぱいに伸《の》ばさなくても捕《と》れる位置《いち》までは動《うご》くようにしましょう。

速《はや》いボールは片手《かたて》でキャッチする

捕球《ほきゅう》は両手《りょうて》がベストですが、試合《しあい》では速《はや》い打球《だきゅう》をグラブの片手《かたて》だけでキャッチしなければならないこともよくあります。片手《かたて》キャッチでも、グラブのなかの手《て》のひらをきちんとボールの飛《と》んでくるコースに直角《ちょっかく》に向《む》けて、手《て》のひらで捕《と》るという基本《きほん》は同《おな》じです。どんな体勢《たいせい》になってもグラブの向《む》きはくずさないようにしましょう。

後《うし》ろへ下《さ》がるのが間《ま》に合《あ》わないときは写真《しゃしん》のように飛《と》び上《あ》がってキャッチすることもあります。グラブの向《む》きはボールの方向《ほうこう》に向《む》いています。

コーチへのアドバイス

高学年《こうがくねん》になっても腰《こし》が引《ひ》けている子《こ》には、グラブを前《まえ》に出《だ》して胸《むね》の前《まえ》で捕《と》らせると恐怖心《きょうふしん》が薄《うす》らぎます。

ボールに対《たい》して正面《しょうめん》を向《む》く

ボールの正面《しょうめん》に体《からだ》を移動《いどう》させるのは無理《むり》でも、顔《かお》はできるだけボールを正面《しょうめん》から見《み》るようにします。

逆《ぎゃく》シングルで捕《と》れる範囲《はんい》を確認《かくにん》しておく

グラブと反対側《はんたいがわ》の片手《かたて》キャッチは必《かなら》ず逆《ぎゃく》シングルで。ゴロを捕《と》るときも同《おな》じです。

グラブの反対側《はんたいがわ》にくるボールを片手《かたて》でキャッチするときは、親指側《おやゆびがわ》を下《した》にした逆《ぎゃく》シングルを使《つか》います。逆《ぎゃく》シングルのほうがボールの飛《と》んでくる方向《ほうこう》に正確《せいかく》に手《て》のひらを向《む》けやすいからです。逆《ぎゃく》シングルのときも手《て》のひらでキャッチする基本《きほん》は変《かわ》りませんから、グラブに頼《たよ》りすぎないよう注意《ちゅうい》してください。

グラブ側《がわ》の足《あし》を1歩踏《ぼふ》み込《こ》み、逆足《ぎゃくあし》を軸《じく》にして半円《はんえん》に動《うご》いてみます。この動《うご》きで手《て》の届《とど》く範囲《はんい》が逆《ぎゃく》シングルでボールをキャッチできる限界《げんかい》です。手《て》のひらでキャッチするにはこの距離《きょり》を確認《かくにん》しておきましょう。

ゴロを捕《と》ってみよう

ゴロの捕《と》り方《かた》は内野《ないや》フィールディングの章《しょう》でくわしく説明《せつめい》しますが、キャッチボールでも相手《あいて》の送球《そうきゅう》がゴロになったときは正《ただ》しい方法《ほうほう》で捕《と》るようこころがけてください。正《ただ》しく体《からだ》を動《うご》かすクセをつけることがたいせつです。

グラブをきちんとボールに向《む》ける

低《ひく》い姿勢《しせい》でボールの正面《しょうめん》に入《はい》り、グラブは捕球面《ほきゅうめん》をしっかりボールに向《む》けます。

グラブに頼《たよ》りすぎてはいけない

ゴロを捕球《ほきゅう》するときはグラブを下向《したむ》きにして足元《あしもと》へ差《さ》し出《だ》すことが多《おお》いので、どうしてもグラブの大《おお》きさに頼《たよ》った捕《と》り方《かた》をしがちですから気《き》をつけてください。ボールの位置《いち》が低《ひく》いだけで「手《て》のひらで受《う》ける」「両手《りょうて》で受《う》ける」という基本《きほん》はふつうのキャッチボールと同《おな》じです。

両手《りょうて》で捕《と》る

ボールがグラブに入《はい》ったら5本《ほん》の指《ゆび》でがっちりつかみ、さらにもう一方《いっぽう》の手《て》でグラブにフタをします。

下《した》から上《うえ》へ

グラブは下《した》から上《うえ》へ動《うご》かします。下《さ》げたグラブを引《ひ》き上《あ》げる動作《どうさ》でボールをキャッチするのが正解《せいかい》。グラブを下《さ》げながらキャッチしてはいけません。

バウンドの直前《ちょくぜん》か直後《ちょくご》で捕《と》るように

ボールは手《て》のひらの中心《ちゅうしん》よりやや上《うえ》（指《ゆび》側《がわ》）でキャッチするのがベスト。それより指《ゆび》に近《ちか》いと確実《かくじつ》につかめないし、手首《てくび》に近《ちか》いとグラブの土《ど》手《て》でボールをはじくおそれがあります。

ゴロのボールはバウンドの直前《ちょくぜん》か直後《ちょくご》が一番《いちばん》捕《と》りやすく、バウンドの頂点《ちょうてん》あたりが一番《いちばん》捕《と》りにくくなります。楽《らく》に捕《と》れるように「バウンドにあわせる」ことも覚《おぼ》えましょう。

キャッチボールの練習《れんしゅう》メニュー

キャッチボールのための練習《れんしゅう》というのはありませんが、日常《にちじょう》の練習《れんしゅう》ではウォーミングアップやクールダウンをかねて行《おこな》うなど、練習《れんしゅう》メニューに必《かなら》ずキャッチボールを組《く》み入《い》れています。ここでは、その方法《ほうほう》を紹介《しょうかい》します。

1 手《て》と腰《こし》だけで

10mぐらいの間隔《かんかく》をあけて向《む》かい合《あ》わせに立《た》ち、足《あし》は正面《しょうめん》に向《む》けたまま手《て》と腰《こし》の動《うご》きだけでゆっくりとワンバウンドのボールを投《な》げ合《あ》います。腕《うで》を大《おお》きく振《ふ》ることの確認《かくにん》と肩《かた》ならしをかねた練《れん》習《しゅう》なので、最初《さいしょ》に3〜5往復《おうふく》行《おこな》います。

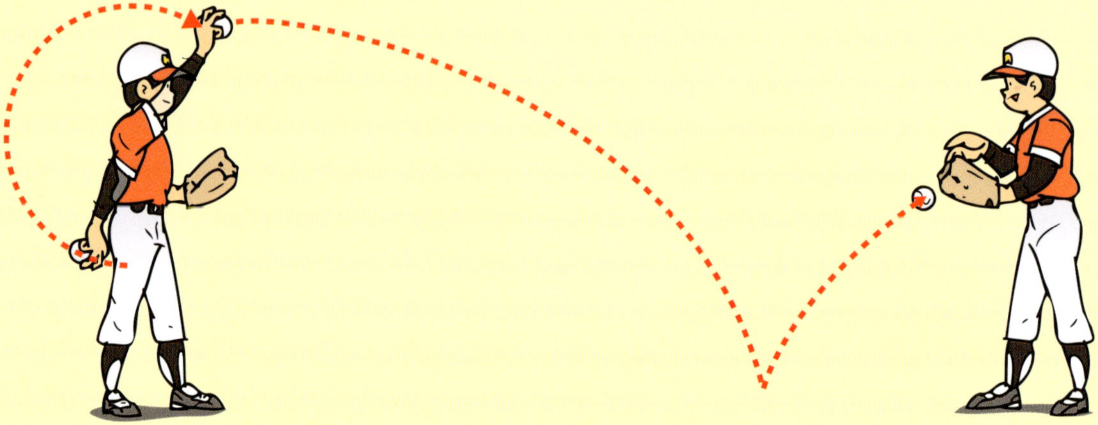

3 3人《にん》1組《くみ》で

15m〜20mぐらいの間隔《かんかく》で3人《にん》が一直線《いっちょくせん》に並《なら》び、手前《てまえ》の選手《せんしゅ》から3番目《ばんめ》の選手《せんしゅ》へ遠投《えんとう》、キャッチしたらすぐに中央《ちゅうおう》の選手《せんしゅ》、手前《てまえ》の選手《せんしゅ》とボールを返《かえ》します。外野《がいや》からの中継《ちゅうけい》プレイの練習《れんしゅう》にもなります。これを3回続《かいつづ》けてから、3人《にん》ですばやいパス回《まわ》しのようなキャッチボールを行《おこな》います。

2 距離《きょり》を変《か》えながら

ごくふつうのキャッチボールを2人《ふたり》の間隔《かんかく》を変《か》えながら行《おこな》います。10m間隔《かんかく》ぐらいから最大《さいだい》で50mぐらいまで1往復《おうふく》ごとにじょじょに広《ひろ》げ、50mで5往復《おうふく》投《な》げたら今度《こんど》はじょじょに間隔《かんかく》を狭《せま》くします。最後《さいご》は5mぐらい、距離《きょり》が近《ちか》くなるのにあわせて捕《と》って投《な》げるペースをどんどん速《はや》めていきます。

バスケットのパス回《まわ》しのように捕《と》ってから投《な》げるまでの時間《じかん》をできるだけ短《みじ》かくしましょう。

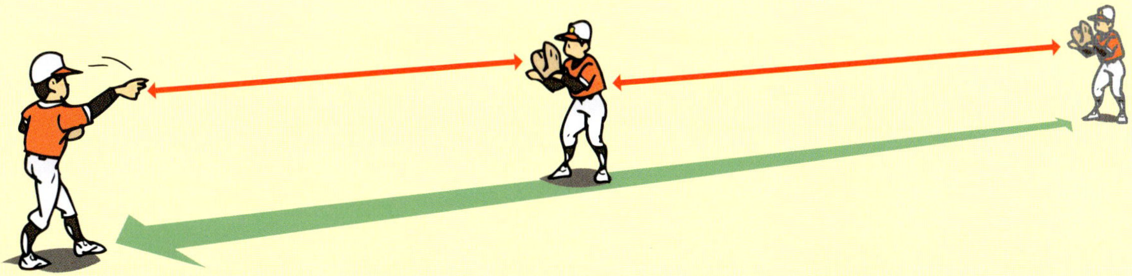

4 2人《ふたり》で走《はし》りながら

4～5mの間隔《かんかく》をあけ同《おな》じ方向《ほうこう》に走《はし》りながらボールを投《な》げ合《あ》います。速《はや》いペースでのキャッチボールだけでなく、トスで往復《おうふく》なども行《おこな》えば内野《ないや》フィールディングの練習《れんしゅう》にもなります。

ボールの握《にぎ》りかえをせずグラブからグラブへ投《な》げ返《かえ》します。

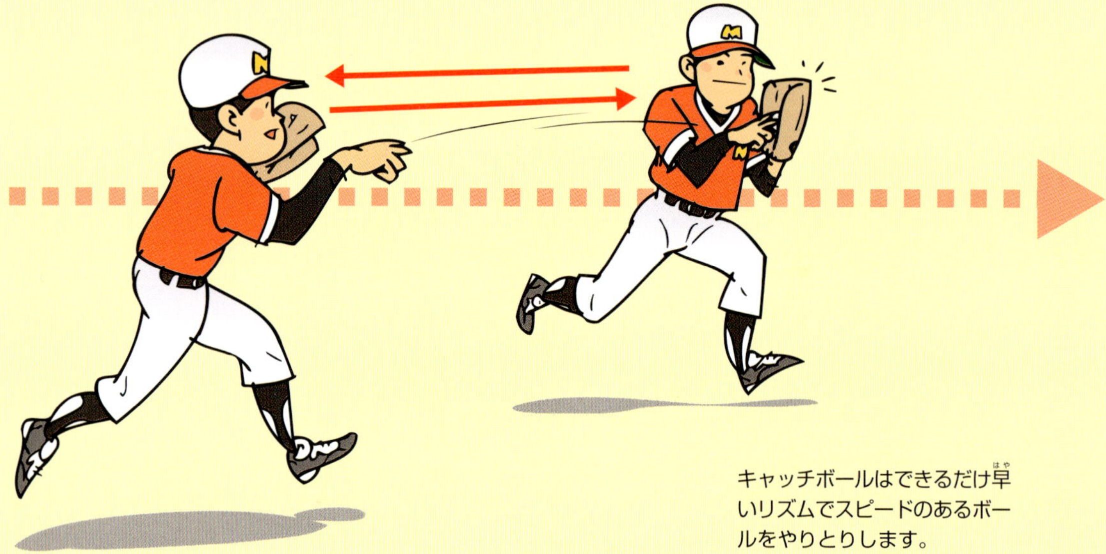

キャッチボールはできるだけ早《はや》いリズムでスピードのあるボールをやりとりします。

ランナーコーチは失敗《しっぱい》しなさい

練習試合《れんしゅうじあい》をふくめて試合《しあい》ではかならず選手《せんしゅ》がファーストとサードのランナーコーチに入《はい》ります。ランナーコーチの役目《やくめ》は走塁《そうるい》の指示《しじ》やアウトカウントを伝《つた》えることなどですが、私《わたし》は「大《おお》きな声《こえ》を出《だ》すこと」と「迷《まよ》わないこと」のふたつをいつもこころがけるよう教《おし》えています。

「大《おお》きな声《こえ》」は観客《かんきゃく》になってはいけないということです。子《こ》どもですからチームがチャンスを迎《むか》えるとつい試合《しあい》に見入《みい》って声《こえ》が出《で》なくなってしまいます。声《こえ》を出《だ》すのはランナーとコーチ自身《じしん》のためなのです。

「迷《まよ》わない」はランナーに進塁《しんるい》かストップかの指示《しじ》を出《だ》すときの判断《はんだん》のことです。大人《おとな》でも迷《まよ》うことがありますから、少年《しょうねん》だとなおさらで迷《まよ》って指示《しじ》が遅《おく》れたり出《だ》せなかったりすることがあります。そういうときは怒《おこ》らずに「自分《じぶん》が思《おも》ったとおりの指示《しじ》を出《だ》す。失敗《しっぱい》だったとしてもその経験《けいけん》を次《つぎ》に生《い》かせばいい」と理解《りかい》させることがたいせつだと思《おも》います。

きちんとやっていれば失敗《しっぱい》してもいいのだということがわかれば、ミスをおそれて萎縮《いしゅく》することが少《すく》なくなります。

PART 2

ボールを打《う》つ

バッティングの基本《きほん》

いい当《あ》たりが出《で》るとスカッとしますから、バッティングがきらいという選《せん》手《しゅ》はまずいないはずです。打《う》つときのたいせつなポイントを覚《おぼ》えて、うまく打《う》てなかったときはもちろん、打《う》てたときも「なぜ打《う》てたのか」を考《かんが》えながら練習《れんしゅう》しましょう。バッティングがもっとうまく、もっと好《す》きになります。

できるようになりたい

POINT

- リラックスしてかまえる
- 前《まえ》の腕《うで》でバットを引《ひ》っぱるスイング
- わきをしめたダウンスイング
- 腰《こし》の回転《かいてん》で打《う》つ
- ミート直後《ちょくご》の手首《てくび》の返《かえ》し
- バットの芯《しん》でボールをとらえる
- 後《うし》ろの足《あし》から前《まえ》の足《あし》への体《たい》重移動《じゅういどう》
- 体《からだ》の軸《じく》がブレないスイング
- ボールを打《う》たないバント

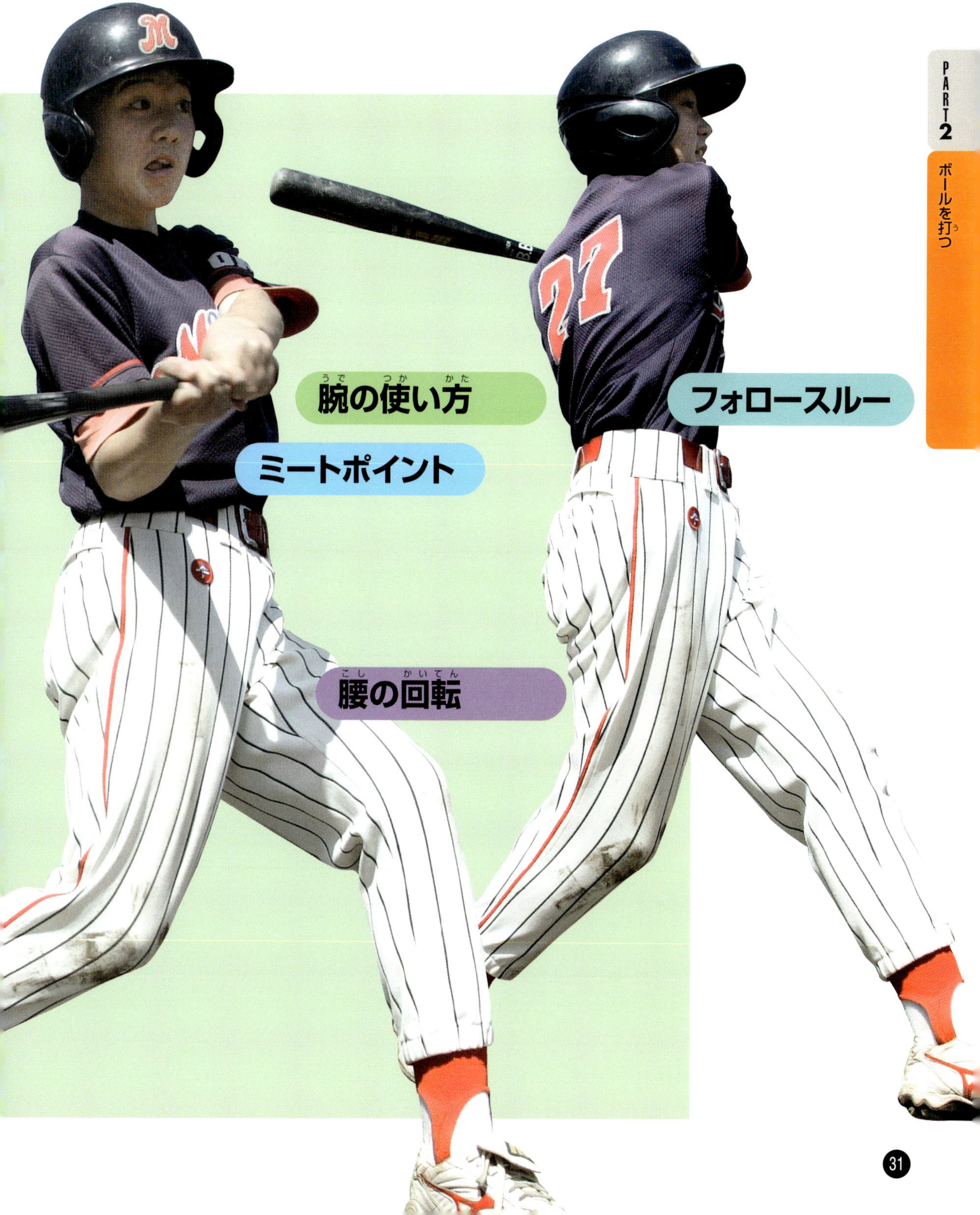
腕《うで》の使《つか》い方《かた》
フォロースルー
ミートポイント
腰《こし》の回転《かいてん》

自分《じぶん》の体《からだ》に合《あ》ったバットを選《えら》ぼう

バットには長《なが》さ、重《おも》さ、太《ふと》さ、重《じゅう》心《しん》の位置《いち》の組《く》み合《あ》わせでいろいろな特徴《とくちょう》があります。自分《じぶん》の打《だ》撃《げき》スタイルに合《あ》わせて選《えら》ぶのが基本《きほん》ですが、まだ体《からだ》が完成《かんせい》していない少年《しょうねん》の場合《ばあい》は、無理《むり》なく振《ふ》れるかどうかを基準《きじゅん》に選《えら》べばいいでしょう。

長《なが》さ

ヘッドの先端《せんたん》を胸《むね》の中心《ちゅうしん》に当《あ》ててバットを水平《すいへい》に寝《ね》かせます。寝《ね》かせたバットにそって手《て》を伸《の》ばしてグリップエンドを指先《ゆびさき》で包《つつ》み込《こ》める長《なが》さが、今《いま》の自分《じぶん》の身長《しんちょう》に適《てき》したバットだと考《かんが》えてください。

重《おも》さ　太《ふと》さ　バランス

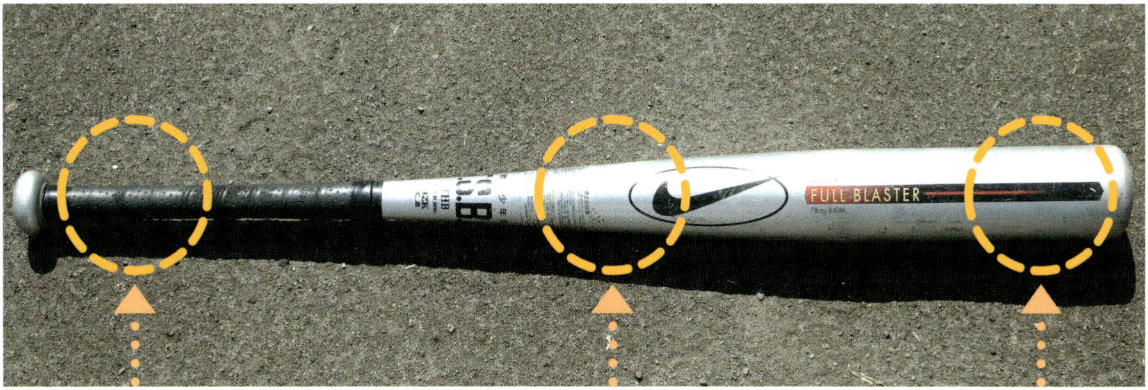

グリップは太《ふと》いほど力《ちから》が入《い》れられるのでパワーヒッターに向《む》くとされています。

バット全体《ぜんたい》の重《おも》さは短距離《たんきょり》ヒッター用《よう》ほど重《おも》くなります。

重心《じゅうしん》のバランスでは、ヘッドに重心《じゅうしん》が近《ちか》いほどロングヒッターに適《てき》しているといわれています。

コーチへのアドバイス

バットの長《なが》さや重《おも》さの選《えら》び方《かた》はあくまでも目安《めやす》です。その子《こ》が振《ふ》りやすいかどうかを第一《だいいち》に考《かんが》えましょう。

少年《しょうねん》の場合《ばあい》は、片手《かたて》でバットを前《まえ》に伸《の》ばしてしばらくはグッとささえていられるぐらいがちょうどいい重《おも》さです。

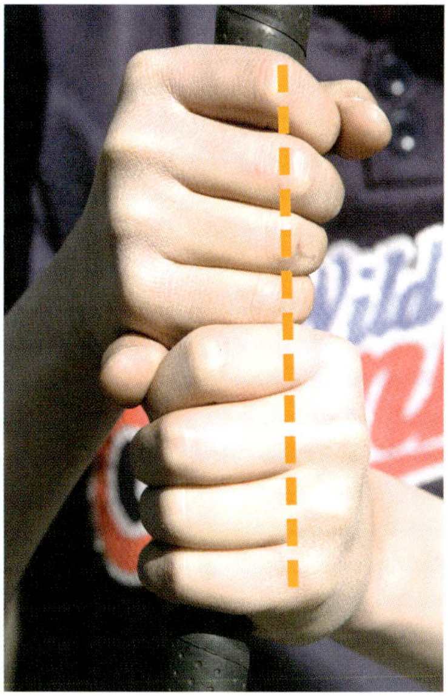

グリップの太《ふと》さは両手《りょうて》で握《にぎ》って少《すこ》ししぼったとき（次《じ》ページを見《み》てください）、上《うえ》の手《て》の第二関節《だいにかんせつ》が下《した》の手《て》の第二関節《だいにかんせつ》と指《ゆび》の付《つ》け根《ね》の間《あいだ》に入《はい》るかどうかを目安《めやす》にします。

きちんと握《にぎ》って しっかりと立《た》つ
グリップとスタンス

バットの握《にぎ》り方《かた》（グリップ）とバットをかまえた立《た》ち方《かた》（スタンス）は、バッティングのフォームに大《おお》きな影響《えいきょう》をあたえる重要《じゅうよう》ポイントです。

グリップ 両手《りょうて》で軽《かる》くぞうきんをしぼるように

右打《みぎう》ちの場合《ばあい》、下《した》になる左手《ひだりて》は指《ゆび》の付《つ》け根《ね》、上《うえ》の右手《みぎて》は付《つ》け根《ね》よりやや第二関節《だいにかんせつ》よりにバットを当《あ》てて握《にぎ》ります。両手《りょうて》はすき間《ま》を開《あ》けずに握《にぎ》り、ぞうきんを軽《かる》くしぼるように少《しこ》し内側《うちがわ》にしぼって、右手《みぎて》の第二関節《だいにかんせつ》が左手《みぎて》の第二関節《だいにかんせつ》と指《ゆび》の付《つ》け根《ね》の間《あいだ》になればOKです。強《つよ》く握《にぎ》りしめないためには、両手《りょうて》とも親指《おやゆび》と人差《ひとさ》し指《ゆび》は少《すこ》し軽《かる》めに握《にぎ》るのがコツです。

グリップは左手《ひだりて》を下《した》（右《みぎ》バッターの場合《ばあい》）右手《みぎて》を上《うえ》にして、ぞうきんをしぼるように握《にぎ》るのが基本《きほん》。強《つよ》く握《にぎ》りすぎると正《ただ》しいスイング（とくに手首《てくび》の返《かえ》し）ができなくなるので注《ちゅう》意《い》します。スタンスも力《りき》まずゆったりがたいせつ。うまくなれば自分流《じぶんりゅう》の立《た》ち方《かた》もありですが、まずは基本《きほん》をマスターしてからです。

スタンス

肩《かた》は水平《すいへい》。アゴを引《ひ》いてゆったりと立《た》つ。

アゴ

アゴは前《まえ》の肩《かた》につけるつもりで引《ひ》きます。

わき

前側《まえがわ》のわきはしっかりしめます。

グリップ

グリップは肩《かた》より高《たか》くかまえます。

ひざ

ひざは軽《かる》く曲《ま》げて両足《りょうあし》とも内側《うちがわ》の力《ちから》をかけて立《た》ちます。ただし、つま先《さき》よりひざが前《まえ》に出《で》るほど深《ふか》く曲《ま》げてはいけません。

幅《はば》

両足《りょうあし》の間隔《かんかく》は自分《じぶん》の肩《かた》の幅《はば》ぐらいにします。

コーチへのアドバイス

力《ちから》のない小《ちい》さな子《こ》の場《ば》合《あい》、両足《りょうあし》の間隔《かんかく》を少《すこ》し広《ひろ》く（足《あし》の横幅分《よこはばぶん》ぐらい）立《た》たせるとスイングが安定《あんてい》します。

スイングしてみよう

かまえた姿勢《しせい》から素振《すぶ》りをしてみます。バットを振《ふ》り回《まわ》さずに、鋭《するど》く振《ふ》り下《お》ろす感《かん》じを確実《かくじつ》にマスターしてください。

かまえたときの重《じゅう》心《しん》は6：4ぐらいで後《うし》ろ足《あし》にかけ、両足《りょうあし》とも内側《うちがわ》（親《おや》指側《ゆびがわ》）に力《ちから》を入《い》れます。

バックスイング。腰《こし》を少《すこ》し後《うし》ろへ回《かい》転《てん》させて後《うし》ろ足《あし》（軸足《じくあし》）に重心《じゅうしん》移《い》動《どう》します。前足《まえあし》は引《ひ》き気味《ぎみ》にやや浮《う》かしますが、体全《からだぜん》体《たい》が大《おお》きく動《うご》いてはいけません。

前側《まえがわ》の腕《うで》でバットを引《ひ》っぱり、腰《こし》の回転《かいてん》でスイングする

バットスイングで真《ま》っ先《さき》に覚《おぼ》えたいのは、腕《うで》だけでバットを振《ふ》るのではなく、体《からだ》（上体《じょうたい》と腰《こし》）の回転《かいてん》でスイングするということ。バックスイングからの体重《たいじゅう》の移動《いどう》や、後《うし》ろ側《がわ》のわきをしっかりしめたまま前側《まえがわ》の腕《うで》でバットを引《ひ》っぱるという動作《どうさ》がたいせつなポイントになります。

コーチへのアドバイス

スイングは顔《かお》にも注目《ちゅうもく》。顔《かお》が動《うご》いてしまう子《こ》はまずその点《てん》に注意《ちゅうい》しないとフォームが定《さだ》まりません。

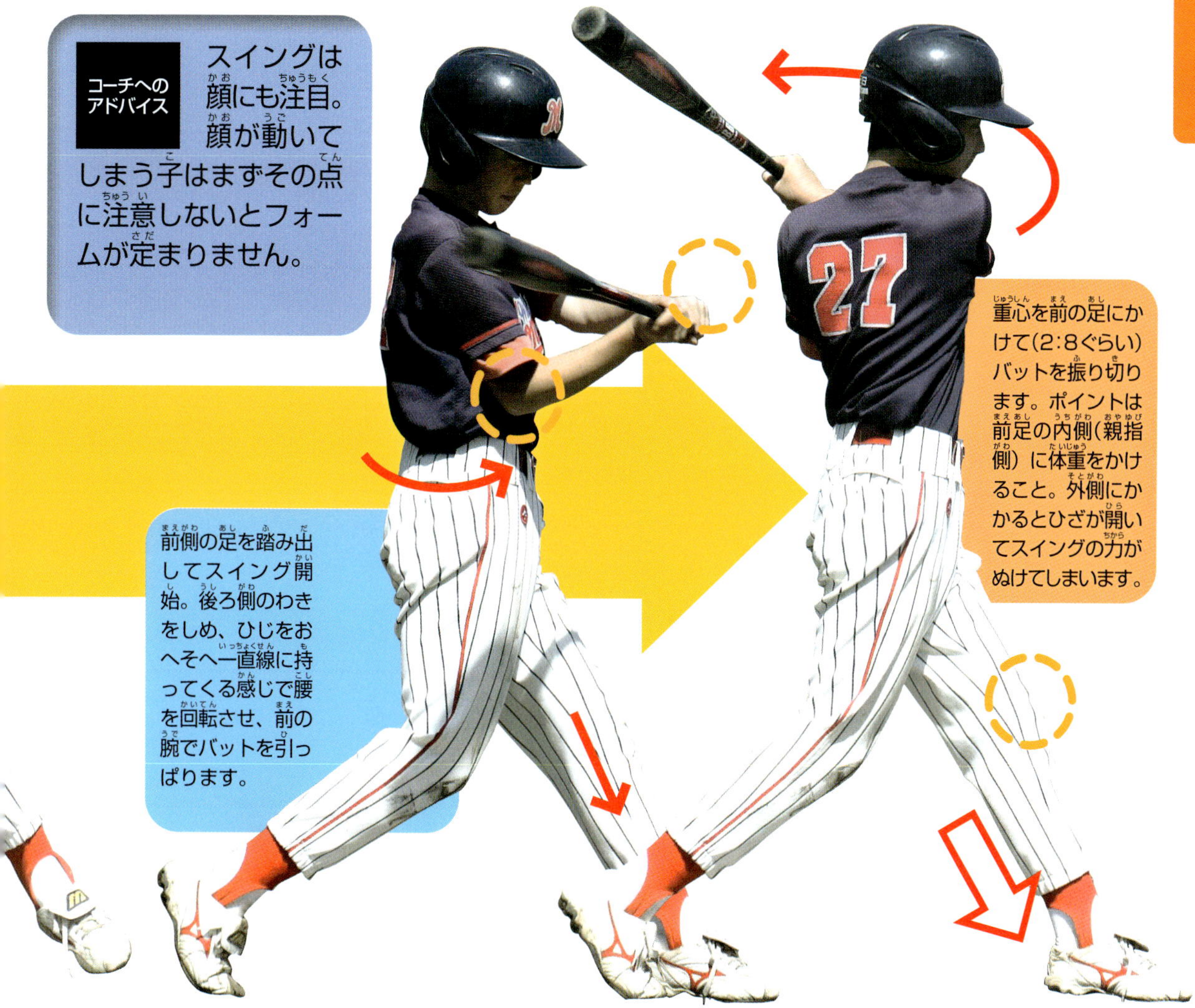

前側《まえがわ》の足《あし》を踏《ふ》み出《だ》してスイング開《かい》始《し》。後《うし》ろ側《がわ》のわきをしめ、ひじをおへそへ一直線《いっちょくせん》に持《も》ってくる感《かん》じで腰《こし》を回転《かいてん》させ、前《まえ》の腕《うで》でバットを引《ひ》っぱります。

重心《じゅうしん》を前《まえ》の足《あし》にかけて(2:8ぐらい)バットを振《ふ》り切《き》ります。ポイントは前足《まえあし》の内側《うちがわ》(親指《おやゆび》側《がわ》)に体重《たいじゅう》をかけること。外側《そとがわ》にかかるとひざが開《ひら》いてスイングの力《ちから》がぬけてしまいます。

体《からだ》の使《つか》い方《かた》の基本《きほん》はボールを投《な》げるときと同《おな》じだ

ボールをうまく投《な》げるためには前《まえ》の足《あし》をステップして一度横向《いちどよこむ》きにした体《からだ》を前向《まえむ》きにしながら投《な》げます。腰《こし》の回転《かいてん》を利用《りよう》するためですが、バットスイングの腰《こし》の回転《かいてん》もこれと同《おな》じです。かまえからバックスイングまでは横《よこ》向《む》きだった体《からだ》を、腰《こし》の回転《かいてん》で前《まえ》に向《む》けながらバットをボールに当《あ》てるのです。

かまえの時点《じてん》では（ピッチャー側《がわ》から見《み》て）体《からだ》は横向《よこむ》き。ここから腰《こし》を回転《かいてん》させるときは背中《せなか》が軸《じく》になりますから、背筋《はいきん》をまっすぐにしておくことがとてもたいせつです。

バックスイングから腰《こし》を鋭《するど》く回転《かいてん》させ、バットがボールに当《あ》たるインパクトで上《じょう》体《たい》は前《まえ》を向《む》きます。これで体重移動《たいじゅういどう》のパワーがうまくバットにのるのです。

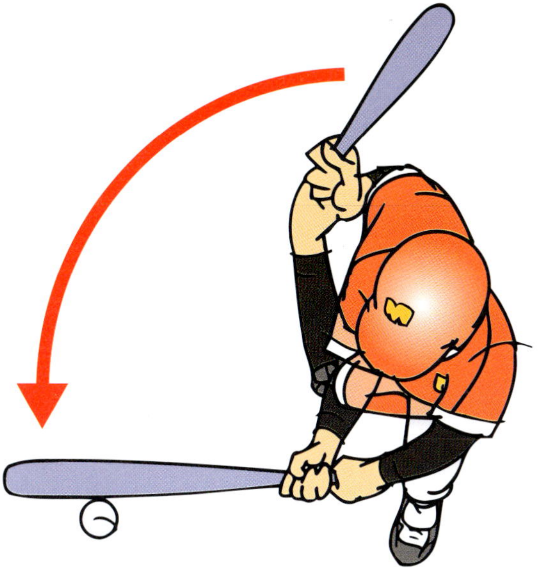

投《な》げるときに体《からだ》が正面《しょうめん》を向《む》くのとインパクトで正面《しょうめん》を向《む》くのはどちらも同《おな》じ意味《いみ》で、腰《こし》の回転力《かいてんりょく》を使《つか》うため。バッティングではわきをしめてシャープに振《ふ》ることが（バットが回転軸《かいてんじく》に近《ちか》い）、無駄《むだ》なく力《ちから》を使《つか》うことにつながります。腕《うで》だけでバットを大《おお》きく振《ふ》り回《まわ》すと、強《つよ》いインパクトになりません。

これをやってみよう

コーチからのアドバイス

壁《かべ》や柱《はしら》のそばに横向《よこむ》きに立《た》ち、横向《よこむ》きの姿勢《しせい》のまま両手《りょうて》で壁《かべ》や柱《はしら》を押《お》したときと、上《じょう》体《たい》を前《まえ》に向《む》けて押《お》したときを比《くら》べてみてください。体《からだ》を前《まえ》に向《む》けた方《ほう》がうんと強《つよ》く押《お》せるはずです。ボールを投《な》げるときに横《よこ》から前向《まえむ》きになるのも、バッティングで体《からだ》を前《まえ》に向《む》けてインパクトするのも、この壁押《かべお》しと理屈《りくつ》は同《おな》じなのです。

バッターボックスに立《た》って打《う》ってみよう

ボックスに立《た》って実際《じっさい》にボールを打《う》ちます。素振《すぶ》りと同《おな》じフォームで打《う》つのは簡単《かんたん》ではありませんが、できるだけ軸《じく》のぶれない鋭《するど》いスイングをこころがけてください。

ホームプレートの真《ま》ん中《なか》に立《た》つ

バッターボックス内《ない》であればどこに立《た》ってもいいのですが、やはりボールをきちんと見《み》きわめるためには、ボックスの中央《ちゅうおう》で両足《りょうあし》の間《あいだ》にホームプレートが入《はい》る位置《いち》がいいでしょう。注意点《ちゅういてん》は軸《じく》になる後《うし》ろの足《あし》をピッチャーの方向《ほうこう》に対《たい》して直角《ちょっかく》にすること。投《な》げるときの軸足《じくあし》と同《おな》じで曲《ま》がっていると打《う》つ方向《ほうこう》がおかしくなります。ホームプレートと平行《へいこう》に合《あ》わせればOKです。

軸足《じくあし》はホームプレートとほぼ平行《へいこう》に。ホームプレートとの間隔《かんかく》は、アウトコースのボールを無理《むり》なく打《う》てるかどうかで決《き》めます。前《まえ》の手《て》だけで持《も》ったバットの先端《せんたん》がプレートの外側《そとがわ》につくかどうかを目安《めやす》にしましょう。

右打《みぎう》ちと左打《ひだりう》ち

右《みぎ》バッターと左《ひだり》バッターでは「左《ひだり》のほうが有利《ゆうり》」とよくいわれます。理由《りゆう》はいくつかありますが、ファーストまでの距離《きょり》が右《みぎ》バッターより1歩分短《ぽぶんみじか》いことが第一《だいいち》にあげられます。クロスプレーで1歩早《ぽはや》ければ完全《かんぜん》にセーフです。

もうひとつ右投手《みぎとうしゅ》の場合《ばあい》、投《な》げにくいせいなのか左《ひだり》バッターに対《たい》してボールが甘《あま》くなるというデータもあります。逆《ぎゃく》に左投《ひだりとう》手《しゅ》は左《ひだり》バッターに強《つよ》いのですが、右投手《みぎとうしゅ》の数《かず》の方《ほう》が多《おお》いので全《ぜん》体《たい》としてみると左《ひだり》バッターが有利《ゆうり》ということになります。

この有利《ゆうり》さを考《かんが》えて右打《みぎう》ちから左打《ひだりう》ちに転向《てんこう》するのはどうか？子《こ》どもがスムーズにスイングできるのなら変《か》えてもいいと思《おも》います（とくに年齢《ねんれい》が小《ちい》さければ小《ちい》さいほどよい）。実際《じっさい》に可能性《かのうせい》のある子《こ》には積極的《せっきょくてき》に転向《てんこう》をすすめる指導者《しどうしゃ》もいます。

オープンスタンスとクローズドスタンス

前《まえ》ページのように前《まえ》の足《あし》を軸足《じくあし》とほぼ平行《へいこう》にして立《た》つかまえをスクエア・スタンスといい、スクエアより前《まえ》の足《あし》を引《ひ》く形《かたち》をオープン・スタンス、前《まえ》の足《あし》を踏《ふ》み出《だ》す形《かたち》をクローズド・スタンスといいます。慣《な》れてくればスクエアにこだわらず自分《じぶん》の打《う》ちやすいスタンスにすればいいでしょう。

オープン・スタンス
前《まえ》の足《あし》を引《ひ》いて体《からだ》を開《ひら》く（ピッチャーに胸側《むねがわ》を多《おお》く見《み》せる）。インコースに強《つよ》くアウトコースに弱《よわ》いスタンスです。

クローズド・スタンス
前《まえ》の足《あし》を踏《ふ》み込《こ》んで体《からだ》を閉《と》じる（ピッチャーに背中側《せなかがわ》を多《おお》く見《み》せる）。アウトコースに強《つよ》く、インコースに弱《よわ》いスタンスです。

ピッチャーに体《からだ》を向《む》けて打《う》つ

踏《ふ》み出《だ》し足《あし》に体重《たいじゅう》

前《まえ》の足《あし》を踏《ふ》み出《だ》しながらバットを振《ふ》り出《だ》します。踏《ふ》み出《だ》した足《あし》へ体重《たいじゅう》をかける意識《いしき》を忘《わす》れずに。親指側《おやゆびがわ》で地面《じめん》を押《お》すようにすれば、足《あし》の内側《うちがわ》へうまく力《ちから》が入《はい》ります。

コーチへのアドバイス

バットを後《うし》ろへ引《ひ》くのに合《あ》わせて前《まえ》の足《あし》を一度《いちど》完全《かんぜん》に浮《う》かせるもの、重心《じゅうしん》移動《いどう》の感《かん》じをつかむ方法《ほうほう》です。

ミートポイントというのはスイングしたバットをボールに当《あ》てる位置《いち》のことで、ベストのミートポイントは体《からだ》の横《よこ》ではなく「体《からだ》の前《まえ》」になります。P38－39の「腰《こし》を回転《かいてん》させて体《からだ》を前《まえ》に向《む》けながら打《う》つ」という説明《せつめい》を思《おも》い出《だ》してください。体《からだ》が前《まえ》を向《む》いたときにスイングのパワーが最大《さいだい》になりますから、そのときにバットがボールをとらえればジャストミートできるのです。

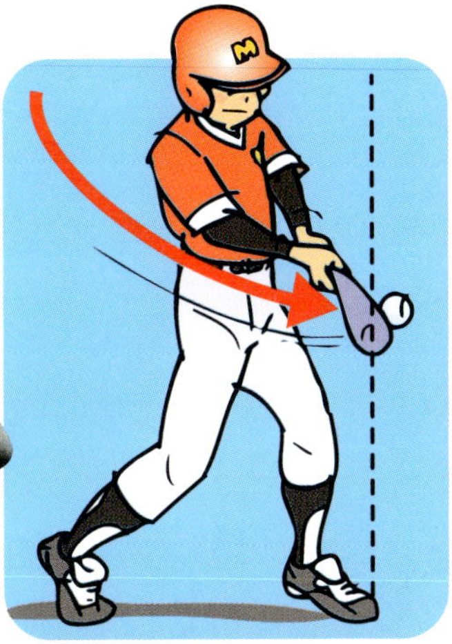

前足《まえあし》の前《まえ》でミート

腰《こし》を回転《かいてん》させてインパクト。上体《じょうたい》はピッチャーの方《ほう》を向《む》き、踏《ふ》み出《だ》した足《あし》の前《まえ》あたりでボールをミートする感《かん》じです。

手首《てくび》を返《かえ》す

ボールをミートした瞬間《しゅんかん》に手首《てくび》を返《かえ》すことも、ボールに力《ちから》を伝《つた》える重要《じゅうよう》なポイントになります。手首《てくび》を返《かえ》してボールを強《つよ》くはじき、そのまま大《おお》きくバットを振《ふ》り切《き》る（フォロースルー）のです。

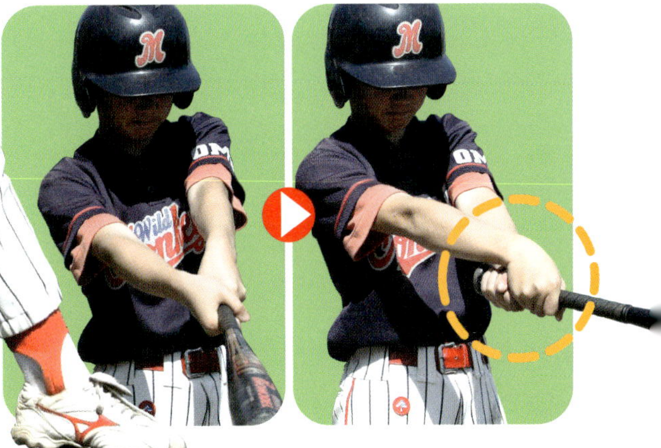

ボールのコースによって打《う》つポイントを少《すこ》し変《か》える

高《たか》めとインコースは少《すこ》し前《まえ》でミート

高《たか》めの真《ま》ん中《なか》から内側《うちがわ》にきたボールとインコースで真《ま》ん中《なか》から高《たか》めに入《はい》ってきたボールは、ど真《ま》ん中《なか》を打《う》つよりやや打点《だてん》を前《まえ》（ピッチャーより）にしないと振《ふ》り遅《おく》れます。高《たか》めのアウトコースとインコース低《ひく》めはど真《ま》ん中《なか》の打点《だてん》で打《う》ちます。

コーチへのアドバイス

ストライクゾーンの上限《じょうげん》。「高《たか》い位置《いち》にバットを合《あ》わせて、腕《うで》が窮屈《きゅうくつ》で振《ふ》りにくくなるところより上《うえ》はボール」という教《おし》え方《かた》もあります。

ジャストミートのポイントは体《からだ》の前《まえ》ですが、ストライクゾーンのど真《ま》ん中《なか》にきたボールを基準《きじゅん》にすると、同《おな》じストライクでも左右《さゆう》や上下《じょうげ》にずれたボールに対《たい》しては少《すこ》しだけポイントを変《か》えて打《う》つ必要《ひつよう》があります。インコースとアウトコースでボールのコースは約《やく》50cm、高《たか》めいっぱいと低《ひく》めぎりぎりでは約《やく》60cmぐらい違《ちが》います。同《おな》じタイミングで打《う》ったら振《ふ》り遅《おく》れたり、上体《じょうたい》が泳《およ》いでしまったりするのです。

低《ひく》めとアウトコースは少《すこ》し後《うし》ろでミート

低《ひく》めで真《ま》ん中《なか》から外側《そとがわ》のボールとアウトコースで真《ま》ん中《なか》から低《ひく》めに入《はい》ってきたボールは、打点《だてん》をやや後《うし》ろ（キャッチャーより）にとります。ど真《ま》ん中《なか》のポイントで打《う》とうとすると上体《じょうたい》が泳《およ》いでしまうからです。

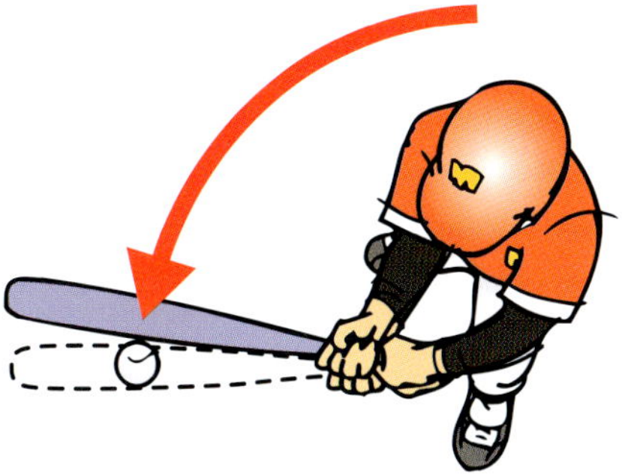

低《ひく》いボールはひざをゆるめて打《う》つ

低《ひく》めのボールを打《う》つときは、後《うし》ろ（右打者《みぎだしゃ》なら右足《みぎあし》）のひざをゆるめると自然《しぜん》に体勢《たいせい》が低《ひく》くなって、バットをコントロールしやすくなります。前《まえ》のひざまでゆるめてしまうと、体全体《からだぜんたい》が前《まえ》にブレてしまうのでよくありません。

フルスイングで思《おも》い切《き》り打《う》つ

タイミングを合《あ》わせてジャストミートできるようになったら、全力《ぜんりょく》でスイングしてボールを強《つよ》く遠《とお》くへ打《う》つ技術《ぎじゅつ》を練習《れんしゅう》しましょう。よいフォームをくずさずにフルスイングできるかどうかがポイントです。

水平《すいへい》のスイングでボールを外野《がいや》へ飛《と》ばす

右手《みぎて》のひらが上向《うわむ》きになっている時間《じかん》を長《なが》くすればスイングの軌道《きどう》は水平《すいへい》に近《ちか》くなります。同時《どうじ》に左手《ひだりて》を体《からだ》に引《ひ》きつけることも重要《じゅうよう》です。

バットを振《ふ》り下《お》ろすとき少《すこ》し右肩《みぎかた》を下《さ》げます。ふつうのダウンスイングよりもバットが後《うし》ろから出《で》る感《かん》じです。

うまくいけばホームランというような飛距離《ひきょり》のあるボールを打《う》つ場合《ばあい》は、スイングのパワーだけでなくバットをボールにどう当《あ》てるかもカギになります。バッティングの基本《きほん》はバットを斜《なな》めに振《ふ》り下《お》ろす「ダウンスイング」ですが、たたきつけるだけでは打球《だきゅう》はゴロになります。高《たか》く遠《とお》くに飛《と》ばすには水平《すいへい》のスイング軌道《きどう》でインパクトしなければなりません。実際《じっさい》のスイングでは振《ふ》り始《はじ》めに後《うし》ろの肩《かた》（右打《みぎう》ちなら右《みぎ》肩《かた》）を少《すこ》し下《さ》げてバットをやや後《うし》ろから出《だ》し、右手《みぎて》のひらが上向《うわむ》きのままのインパクトを意識《いしき》しましょう。

コーチへのアドバイス
ストライクゾーンの下《か》限《げん》は「バットを合《あ》わせて前《まえ》につんのめる位置《いち》より下《した》はボール」と教《おし》えます。

たたきつけるダウンスイングのバットの出方《でかた》。左《ひだり》ページよりもバットが前《まえ》から出て、斜《なな》め下《した》に振《ふ》られていることがわかります。

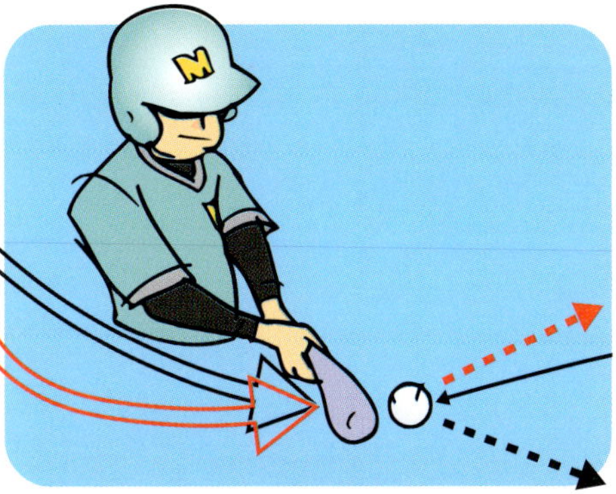

バットの軌道《きどう》とボール

上《うえ》はたたきつけるスイング。強打《きょうだ》してもボールは下《した》へ飛《と》ぶことが多《おお》くゴロになりがちです。下《した》のように水平《すいへい》にインパクトすれば上《うえ》へ飛《と》びやすくなります。下《した》からすくい上《あ》げればもっといいようですが、力《ちから》のあるスイングにするのがとてもむずかしいのですすめられません。

ヘッドを遅《おく》らせる

腰《こし》の回転《かいてん》でバットスイングをリードし前《まえ》のわきをしっかりしめれば、グリップが先行《せんこう》した鋭《するど》いスイングになります。グリップを先行《せんこう》させれば後《あと》からついてくるヘッドのスピードが増《ま》して、ボールを飛《と》ばす力《ちから》が大《おお》きくなるのです。

体《からだ》のブレをなくして、バットのヘッドスピードを上《あ》げる

強《つよ》い打球《だきゅう》にするためには軸足《じくあし》から前《まえ》の足《あし》へ移動《いどう》する体重《たいじゅう》をうまくバットにのせなければなりません。一番《いちばん》たいせつなのは、体《からだ》の回転《かいてん》の軸《じく》（まっすぐにした背《せ》筋《すじ》）をブレさせないことです。インパクトに向《む》けて腰《こし》を回転《かいてん》させるとき、軸足《じくあし》のつま先《さき》とひざ、後《うし》ろのひじ、グリップを同時《どうじ》に一気《いっき》に回《まわ》すことを強《つよ》く意識《いしき》してください。すべてを同時《どうじ》に動《うご》かせば回転《かいてん》のブレを防《ふせ》げます。

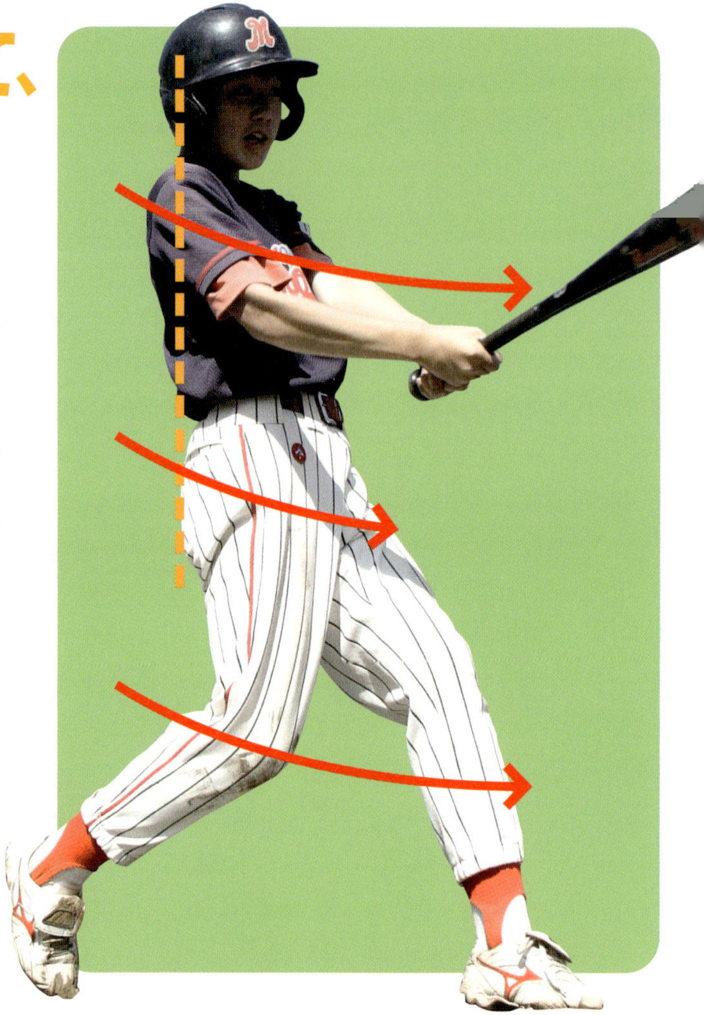

背筋《せすじ》をまっすぐにしたまま後《うし》ろ側《がわ》の手《て》、腰《こし》、足《あし》を一気《いっき》に回転《かいてん》させます。回転《かいてん》のブレがなくなればバットに体《たい》重《じゅう》がのりヘッドスピードはさらにアップします。

ジャストミートのためのチェックポイント

体全体《からだぜんたい》に無駄《むだ》な力《ちから》が入《はい》っていないか、インパクトからフォロースルーにかけて顔《かお》や上体《じょうたい》が前《まえ》に突《つ》っ込《こ》んでいないか、アゴが上《あ》がっていないか（ヘッドアップ）、アッパースイングになっていないか、後《うし》ろのわきが開《ひら》いたドアスイングになっていないかをチェックします。

少年《しょうねん》の場合《ばあい》は、遠《とお》くへ飛《と》ばしたいという意《い》識《しき》が強《つよ》すぎて力《りき》んだアッパースイングになったり、逆《ぎゃく》にボールを怖《こわ》がって腰《こし》がひけてしまうこともよくあります。

ポイントはボールをとらえて手首《てくび》を返《かえ》すタイミング

バットに体重《たいじゅう》をのせるためのもうひとつのポイントは、ボールをとらえるタイミングにあります。体《からだ》を回転《かいてん》させてバットをスイングすると後《うし》ろのひじはだんだん伸《の》びていきますから、ひじがいっぱいに伸《の》び切《き》る直前《ちょくぜん》でボールをミートし（曲《ま》げたひじを伸《の》ばして打《う》つという感《かん》じ。バットをリードする前《まえ》の手《て》もひじを伸《の》ばします）、すぐに手首《てくび》を返《かえ》して大《おお》きくフォロースルーするのです。

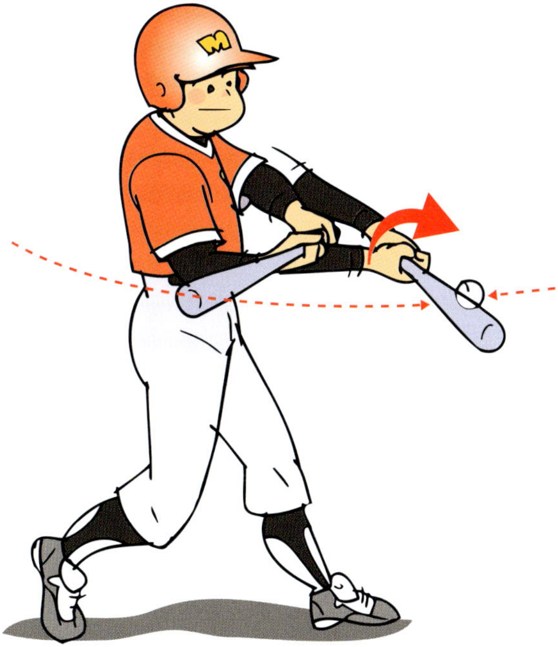

右《みぎ》のひじ（右《みぎ》バッターの場合《ばあい》）が伸《の》びる前《まえ》にボールをミートし、その後《あと》の手首《てくび》の返《かえ》しでさらにボールを押《お》すイメージです。

コーチへのアドバイス

ティーに乗《の》せたボールの中心《ちゅうしん》にバットの芯《しん》を当《あ》て、そこからかまえの位置《いち》までバットを引《ひ》く練習《れんしゅう》でジャストミートのバット軌道《きどう》を覚《おぼ》えさせせることもあります。

これをやってみよう

コーチからのアドバイス

インパクトのときに曲《ま》げていたひじを伸《の》ばしすぐに手首《てくび》を返《かえ》すという動作《どうさ》を、前《まえ》の手《て》（右打《みぎう》ちなら左手《ひだりて》）だけでバットを持《も》たずに繰《く》り返《かえ》します。たいせつなのはインパクトまではひじを曲《ま》げておき、伸《の》ばす動作《どうさ》と手首《てくび》の返《かえ》しを一気《いっき》にやること。バットを引《ひ》っぱる前《まえ》の手《て》がしっかり動《うご》けば、後《うし》ろの右手《みぎて》は自然《しぜん》についてきます。

確実《かくじつ》なバントをマスターしよう

バッティングの基本《きほん》の最後《さいご》はバントです。長打《ちょうだ》を打《う》つようなかっこよさはありませんが、チームで攻撃《こうげき》をするためには欠《か》かせない技術《ぎじゅつ》ですからしっかり練習《れんしゅう》しましょう。

肩《かた》の力《ちから》をぬいて最後《さいご》までボールをしっかり見《み》つづける

スクイズバント（バントでの攻撃方法《こうげきほうほう》はチームプレーの章《しょう》で説明《せつめい》します）に代表《だいひょう》されるように、バントでは絶対《ぜったい》に空振《からぶ》りできないという場面《ばめん》がよくあります。そのせいで緊張《きんちょう》して体《からだ》に力《ちから》が入《はい》ってミスしてしまうのが、一番《いちばん》まずいパターンです。バットは軽《かる》く握《にぎ》り、肩《かた》の力《ちから》をぬいてバットに当《あ》たるまでボールから目《め》を離《はな》さないことをこころがけてください。

体《からだ》は最初《さいしょ》から前《まえ》に向《む》け肩《かた》とひざをリラックスさせてかまえます。バットを立《た》ててはいけません。

コーチへのアドバイス

バントが苦手《にがて》な子《こ》には「ボールがバットに当《あ》たるまで見続《みつづ》ける」ことを徹底《てってい》させます。

バントのミートポイントは必《かなら》ずホームプレートより前《まえ》にします。バットにきちんと当《あ》たりさえすればボールはインフィールドに落《お》ちるので、バント成功《せいこう》の確率《かくりつ》が高《たか》くなるのです。

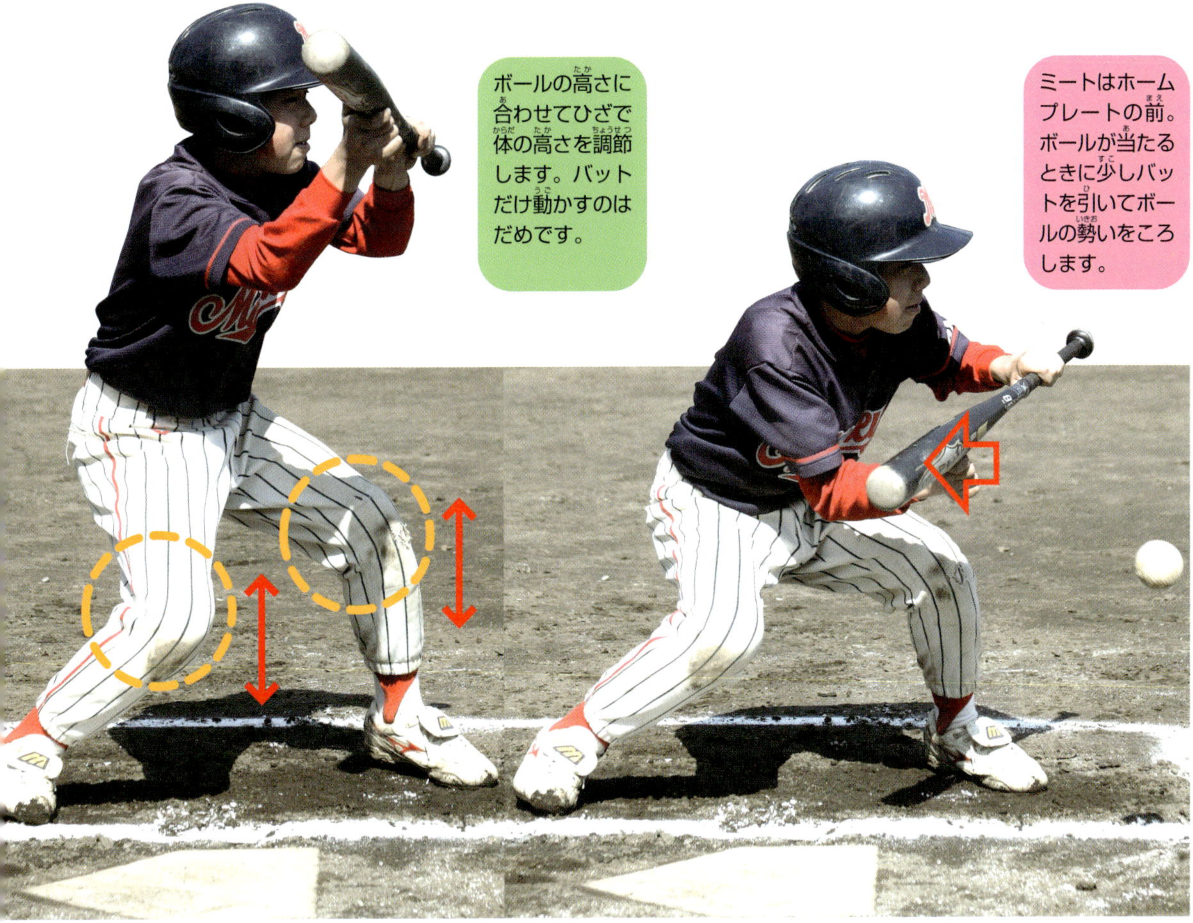

ボールの高《たか》さに合《あ》わせてひざで体《からだ》の高《たか》さを調節《ちょうせつ》します。バットだけ動《うご》かすのはだめです。

ミートはホームプレートの前《まえ》。ボールが当《あ》たるときに少《すこ》しバットを引《ひ》いてボールの勢《いきお》いをころします。

目《め》でバントする

プッシュバント以外《いがい》はバットでボールを打《う》ってはいけません。逆《ぎゃく》にボールが当《あ》たった瞬間《しゅんかん》に少《すこ》しバットを引《ひ》いてボールの勢《いきお》いをころすようにします。打《う》たないためには、バットを目《め》の前《まえ》でかまえたまま、高《たか》さはひざの曲《ま》げ伸《の》ばしで調節《ちょうせつ》するのがポイント。バットだけをボールの方《ほう》へ動《うご》かすとどうしても打《う》ってしまいます。バットは目《め》の前《まえ》から離《はな》さず「目《め》でバントする」のです。

ピッチャーの方《ほう》へ上体《じょうたい》を向《む》け、バットを目《め》の前《まえ》でかまえます。前傾姿勢《ぜんけいしせい》で両《りょう》ひざは軽《かる》く曲《ま》げてリラックスさせ、ボールの高《たか》さに合《あ》わせて曲《ま》げ伸《の》ばしできるように。ボールがバットに当《あ》たるとき、ほんの少《すこ》しバットを引《ひ》きます。

低《ひく》いボールは十分《じゅうぶん》に腰《こし》を落《お》としてバント。バットだけを下《さ》げるとボールを高《たか》くバウンドさせることがあります。

ボールが高《たか》いときは思《おも》い切《き》って伸《の》び上《あ》がります。バットを横《よこ》にしにくいときは、後《うし》ろ側《がわ》の手《て》を伸《の》ばしてヘッドを立《た》ててもかまいません。

見逃《みのが》すときは上体《じょうたい》を後《うし》ろに引《ひ》く

スクイズ以外《いがい》はストライクをバントするのが基本《きほん》です。ボールのときはバットを引《ひ》いて見送《みおく》るのですが、バットだけを引《ひ》かずかまえた姿勢《しせい》をあまりくずさずにピッチャーに向《む》けた上《じょう》体《たい》を後《うし》ろに引《ひ》いて見《み》送《おく》ります。

バットだけを引《ひ》くとストライクをとられる場合《ばあい》があります。

高《たか》いボールを手《て》だけでバントしようとすると、ボールを下《した》から打《う》ち上《あ》げてポップフライにしてしまいがちです。

バッティングの練習《れんしゅう》メニュー

実際《じっさい》にボールを打《う》つ練習《れんしゅう》はグラウンドかバッティングセンターでないとできませんが、①〜③の重心移動《じゅうしんいどう》や④の素振《すぶ》りならどこでもできます。毎日《まいにち》繰《く》り返《かえ》していれば、グラウンドでの練習《れんしゅう》にきっと大《おお》きな成果《せいか》がでます。

1 立《た》ったまま重心移動《じゅうしんいどう》

足《あし》だけの重心移動《じゅうしんいどう》の練習《れんしゅう》。スクエアスタンスと同《おな》じように立《た》ち、上体《じょうたい》はまっすぐにしたまま、右足《みぎあし》から左足《ひだりあし》へ体重《たいじゅう》を移動《いどう》させます（左打《ひだりう》ちの人《ひと》は逆《ぎゃく》に）。軸《じく》の右足《みぎあし》から左足《ひだりあし》に体重《たいじゅう》をうつすときに、親指《おやゆび》を踏《ふ》ん張《ば》って足《あし》の内側《うちがわ》に力《ちから》がかかるよう意識《いしき》します。

2 腰《こし》の回転《かいてん》をつけて重心移動《じゅうしんいどう》

①の体重移動《たいじゅういどう》に横《よこ》から前《まえ》に上体《じょうたい》の向《む》きを変《か》える腰《こし》の回《かい》転《てん》を加《くわ》えます。背筋《せすじ》をまっすぐにたもち、腰《こし》の回転《かいてん》で上体《じょうたい》が上下《じょうげ》に動《うご》かないよう注意《ちゅうい》してください。

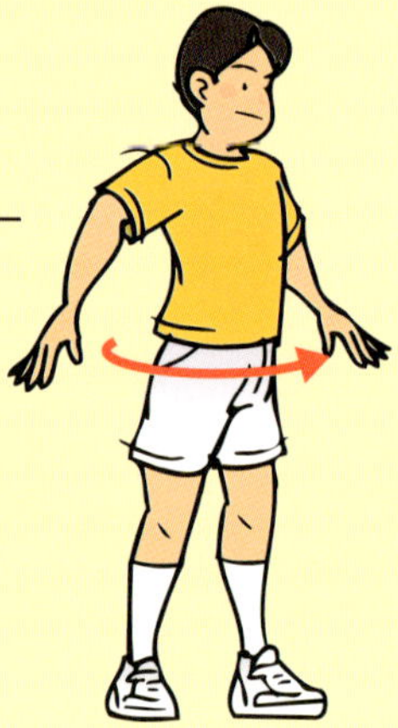

3 ボールをイメージして体重移動《たいじゅういどう》

前足《まえあし》の踏《ふ》み出《だ》しをつけて実際《じっさい》のバッティングと同《おな》じように体重移動《たいじゅういどう》します。バットは持《も》ちませんが飛《と》んでくるボールをイメージし、それに合《あ》わせて動《うご》きます。

4 ピッチャーをイメージしての素振《すぶ》り

ふつうの素振《すぶ》りです。バットスイングを加《くわ》えても③の体重移動《たいじゅういどう》がきちんとできるように。ただバットを振《ふ》るのではなく、高《たか》め低《ひく》めなどピッチャーが投《な》げるボールのコースをイメージし、そのボールを体《からだ》の前《まえ》でとらえるスイングをしてください。

5 ティーバッティング

斜《なな》め前《まえ》からトスされたボールを打《う》つ練《れん》習《しゅう》です。ボールを体《からだ》の前《まえ》でジャストミートする感覚《かんかく》を体《からだ》に覚《おぼ》え込《こ》ませます。

6 ペッパー

二人《ふたり》1組《くみ》になり6〜7mの間隔《かんかく》をあけて一人《ひとり》がボールを投《な》げもう1人《り》が相手《あいて》めがけて軽《かる》く打《う》ち返《かえ》します。投《な》げた方《ほう》は打《う》ち返《かえ》されたボールを捕《と》ってすぐに投《な》げ返《かえ》します。何度《なんど》もくり返《かえ》しましょう。

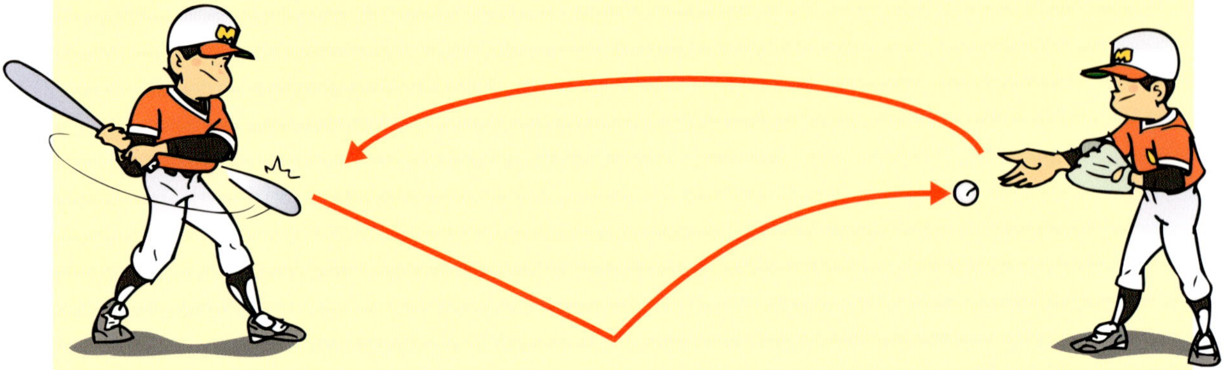

7 トスを大《おお》きく打《う》つ

斜《なな》め前《まえ》から下手投《したてな》げでボールを出《だ》すのは⑤のティーバッティングと同《おな》じ。バッターはこれをフルスイングで大《おお》きく打《う》ちます。これもボールをしっかりとらえる練習《れんしゅう》ですから、ティーバッティング、ペッパーに続《つづ》けてやるといいでしょう。

コーチへのアドバイス

スランプのときはフリーバッティングよりも「トスを大《おお》きく打《う》つ練《れん》習《しゅう》」のほうが有効《ゆうこう》です。

型《かた》にはめる技術《ぎじゅつ》と型《かた》にはめない方《ほう》がいい技術《ぎじゅつ》

少年野球《しょうねんやきゅう》の監督《かんとく》やコーチは、ボールの正《ただ》しい握《にぎ》り方《かた》からはじめて文字通《もじどお》り手取《てと》り足《あし》取《と》り野球《やきゅう》の技術《ぎじゅつ》と考《かんが》え方《かた》を教《おし》えていきます。監督自身《かんとくじしん》の経験《けいけん》と考《かんが》えにもとづいた教《おし》え方《かた》があるはずで、それが各《かく》チームのカラーにもつながっていきますから、これがベストだと断言《だんげん》できる教《おし》え方《かた》はたぶんないのだと思《おも》います。ただ、どういう教《おし》え方《かた》であっても、最終的《さいしゅうてき》に型《かた》にはめたほうがいい技《ぎ》術《じゅつ》とはめないほうがいい技術《ぎじゅつ》があるのではないでしょうか。

守備《しゅび》の技術《ぎじゅつ》。たとえばゴロやフライの捕《と》り方《かた》、ベースへの入《はい》り方《かた》、送球《そうきゅう》までのフットワーク、送球《そうきゅう》の方向《ほうこう》などは型《かた》にはめるべき技術《ぎじゅつ》だと思《おも》います。ただ打球《だきゅう》を捕《と》るだけならどんな捕《と》り方《かた》をしてもいいでしょうが、守備《しゅび》はひとつながりの動作《どうさ》でしかもチームメイトと協力《きょうりょく》してやることなので、セオリー通《どお》りの型《かた》がベストです。

一方《いっぽう》で投球《とうきゅう》と打撃《だげき》は型《かた》にはめないほうがいい技術《ぎじゅつ》でしょう。もちろん、投球《とうきゅう》ではオーバースローの腕《うで》の使《つか》い方《かた》や手首《てくび》のスナップ、打撃《だげき》では体重移動《たいじゅういどう》といった基本的《きほんてき》な体《からだ》の動《うご》かし方《かた》とその理由《りゆう》はしっかりマスターしなければなりません。しかし、それさえ身《み》につけば、あとはその選手《せんしゅ》の自由《じゆう》にやらせたほうがいい結果《けっか》が出《で》ると思《おも》います。

PART 3

打《う》ったボールを捕《と》る①

フィールディングの基本《きほん》・内野《ないや》

内野《ないや》の守備《しゅび》でもボールを投《な》げたり受《う》けたりすることの基本《きほん》はキャッチボールと同《おな》じです。ただし、実戦《じっせん》で使《つか》う技術《ぎじゅつ》ですからいつもバッターやランナーがいることを想像《そうぞう》しながら練習《れんしゅう》するクセをつけてください。相手《あいて》を想像《そうぞう》せずに練習《れんしゅう》していると、試合《しあい》で体《からだ》をうまく動《うご》かせなくなってしまいます。

できるようになりたい
POINT

- 正面《しょうめん》のゴロは確実《かくじつ》に捕《と》る
- 打球《だきゅう》のバウンドに合《あ》わせる
- 片手《かたて》キャッチでも手《て》のひらで捕《と》る
- 体《からだ》のバランスをくずさず送球《そうきゅう》する
- 味方《みかた》が受《う》けやすいボールを投《な》げる
- キャッチするまでボールから目《め》を離《はな》さない
- ショートバウンドをこわがらない

体《からだ》の正面《しょうめん》のゴロを捕《と》る

自分《じぶん》の真正面《ましょうめん》へのゴロは意外《いがい》に捕《と》りにくいものです。こわがらず最後《さいご》までボールから目《め》を離《はな》さずに確実《かくじつ》にキャッチしてください。

重心《じゅうしん》を親指《おやゆび》にかけて内股《うちまた》でかまえる

内野手《ないやしゅ》は打球《だきゅう》に反応《はんのう》して素早《すばや》く動《うご》かないとだめなので、すぐにスタートできるようひざを曲《ま》げて重心《じゅうしん》を親指側《おやゆびがわ》にかけ、かかとは軽《かる》く浮《う》かせておきます。両足《りょうあし》の幅《はば》はバッティングのスタンスと同《おな》じぐらいに開《ひら》き、少《すこ》し内股《うちまた》で立《た》つかっこうになります。「野球《やきゅう》のかまえは内股《うちまた》がかっこいい」と覚《おぼ》えてください。

ピッチャーの投球動作開始《とうきゅうどうさかいし》に合《あ》わせてかまえます。体《からだ》はバッターに向《む》け、あごを引《ひ》いてしっかり見《み》ること。力《りき》んで体《からだ》が固《かた》くならないよう注意《ちゅうい》してください。

グラブは下向《したむ》きにかまえます。ひざにのせたり、ひざで手《て》をささえたりしてはいけません。

グラブ側《がわ》の足《あし》を１歩前《ぽまえ》に出《だ》してキャッチする

正面《しょうめん》のゴロを前進《ぜんしん》して捕《と》るときは、バウンドの直後《ちょくご》か直前《ちょくぜん》でキャッチできるようにタイミングを合《あ》わせ、最後《さいご》はグラブを持《も》っている方《ほう》の足《あし》を１歩前《ぽまえ》に出《だ》して捕《と》ります。重心《じゅうしん》を低《ひく》くするためで、足《あし》がそろったままグラブを出《だ》すと姿勢《しせい》が高《たか》くなって「下《した》から上《うえ》へ」というグラブの動《うご》きができず、体《からだ》のバランスもくずしやすくなります。

バウンドを合《あ》わせ、グラブ側《がわ》の足《あし》を出《だ》してその横《よこ》でキャッチ。捕《と》ったあともう一方《いっぽう》の手《て》でフタをするのも忘《わす》れずに。

重心《じゅうしん》を低《ひく》くすることと、上体《じょうたい》を前《まえ》に出《だ》すことは違《ちが》います。上《じょう》体《たい》を前《まえ》にたおしてお尻《しり》を突《つ》き出《だ》すようなかまえだとうまく動《うご》けません。

コーチへのアドバイス

ゴロをこわがる子《こ》には、腰《こし》を低《ひく》くして自分《じぶん》で考《かんが》える位置《いち》よりさらに１歩前《ぽぜん》進《しん》して捕《と》らせるとうまくいくことがあります。

左右《さゆう》に動《うご》いてゴロを捕《と》る

左右《さゆう》にそれて転《ころ》がってくるゴロもできるだけ正面《しょうめん》で捕《と》るようにします。正面《しょうめん》ならもしグラブにうまく入《はい》らなくても、ボールが後《うし》ろへ抜《ぬ》ける心配《しんぱい》はうんと少《すく》なくなります。

左側《ひだりがわ》のゴロ

かまえた姿勢《しせい》から左足《ひだりあし》で小《ちい》さく地面《じめん》を押《お》し、右足《みぎあし》を踏《ふ》み出《だ》すきっかけにします。

打球方向《だきゅうほうこう》へ右足《みぎあし》を大《おお》きく踏《ふ》み出《だ》してスタートします。

正面《しょうめん》に回《まわ》り込《こ》めたら、必《かなら》ず両足《りょうあし》の間《あいだ》でキャッチします。

バウンドを合《あ》わせ、グラブ側《がわ》の左足《ひだりあし》の踏《ふ》み込《こ》みと同時《どうじ》にグラブを出《だ》します。

スタートが早《はや》ければ正面《しょうめん》でキャッチできる

ゴロに追《お》いついて正面《しょうめん》で捕《と》るためには、左《さ》右《ゆう》に動《うご》くスタートを早《はや》くしなければなりません。左側《ひだりがわ》へスタートするなら右足《みぎあし》、右《みぎ》なら左《ひだり》足《あし》が最初《さいしょ》の１歩《ぽ》になりますが、逆側《ぎゃくがわ》の足《あし》で小《ちい》さく地面《じめん》を押《お》すような反動《はんどう》をつけるとより早《はや》くスタートできます。ボールの正面《しょうめん》に回《まわ》り込《こ》めたら、バウンドを合《あ》わせグラブ側《がわ》の足《あし》を出してキャッチします。

ボールの正面《しょうめん》へ回《まわ》り込《こ》むように。ボールから目《め》を離《はな》さずバウンドを合《あ》わせ、グラブ側《がわ》の足《あし》を踏《ふ》み込《こ》んでその横《よこ》でキャッチします。

右側《みぎがわ》のゴロ

右《みぎ》への移動《いどう》は左足《ひだりあし》からスタートします。

ボールの方向《ほうこう》を見《み》て、右足《みぎあし》で小《ちい》さく地面《じめん》を蹴《け》ります。

バウンドの直後《ちょくご》か直前《ちょくぜん》で捕《と》るのは、どんなゴロでも同《おな》じ。余裕《よゆう》が少《すく》ないときは左右《さゆう》に移動《いどう》しながらバウンドを合《あ》わせます。

正面《しょうめん》で捕《と》れなくてもグラブに頼《たよ》りすぎずに手《て》のひらでキャッチする

打球《だきゅう》の速《はや》さや方向《ほうこう》によっては、早《はや》いスタートをしてもゴロの正面《しょうめん》に回《まわ》り込《こ》めないことがあります。そのときはグラブを差《さ》し出《だ》して体《からだ》の横《よこ》でボールを捕《と》るのですが、グラブの網《あみ》に頼《たよ》らず手《て》のひらでキャッチする意識《いしき》を強《つよ》く持《も》ってください。手《て》のひらで捕《と》れればあとの送《そう》球《きゅう》がスムーズにできますし、もし捕《と》れなくても手《て》をしっかり伸《の》ばしている分《ぶん》だけボールを後《うし》ろにそらすおそれが少《すく》なくなります。

遠《とお》いゴロでもボールにできるだけ体《からだ》を近《ちか》づけていきます。

逆《ぎゃく》シングルでも手《て》のひらでキャッチできるようしっかりと手《て》をのばします。

トンネルしてしまうのはなぜ?

コーチへのアドバイス

グラブの網《あみ》でボールを捕《と》ると、グラブの中《なか》でボールが遊《あそ》ぶためにキャッチしたのかどうかがわかりにくくなります。

内野手《ないやしゅ》がトンネルをしてしまう一番《いちばん》の原因《げんいん》は「ボールから目《め》を離《はな》してしまう」ことです。ランナーを気《き》にしすぎてボールがグラブに入《はい》る前《まえ》に顔《かお》をあげてしまうのです。送球《そうきゅう》をあせってグラブを早《はや》く引《ひ》き上《あ》げたために、ボールがグラブの下《した》を抜《ぬ》けるということもあります。落《お》ち着《つ》いて確実《かくじつ》にプレーすることがたいせつです。また、強《つよ》い打球《だきゅう》がこわくて腰《こし》が高《たか》くなりトンネルする場合《ばあい》もありますから、グラブ側《がわ》の足《あし》を1歩《ぽ》出《だ》して重心《じゅうしん》を下《さ》げる基本《きほん》形《けい》をマスターしましょう。

これをやってみよう

コーチからのアドバイス

重心《じゅうしん》を低《ひく》くして体《からだ》の前《まえ》で捕《と》る姿勢《しせい》を身《み》につけるための、家《いえ》で1人《ひとり》でもできる練習《れんしゅう》です。

体《からだ》の1mぐらい前《まえ》にボールを置《お》いてかまえのフォームを作《つく》り、グラブ側《がわ》の足《あし》、逆《ぎゃく》側《がわ》の足《あし》、グラブ側《がわ》の足《あし》の順《じゅん》で踏《ふ》み込《こ》んでボールをすくい上《あ》げます。簡単《かんたん》な練習《れんしゅう》ですが、繰《く》り返《かえ》し行《おこな》えば正面《しょうめん》のゴロをとる動作《どうさ》が自然《しぜん》にできるようになります。

キャッチしたボールを送球《そうきゅう》する

味方《みかた》への送球《そうきゅう》も打球《だきゅう》をうまくキャッチすることと同《おな》じぐらいたいせつな技術《ぎじゅつ》です。走《はし》って、捕《と》って、送球《そうきゅう》するまでを1つの動《どう》作《さ》と考《かんが》えて練習《れんしゅう》しましょう。

基本《きほん》はキャッチボールと同《おな》じだ

スローイングのスピードを速《はや》くするだけで、基本的《きほんてき》な投《な》げ方《かた》はキャッチボールと同《おな》じです。正《ただ》しくボールを握《にぎ》り、オーバースローでしっかり腕《うで》を振《ふ》って投《な》げます。筋力《きんりょく》がついてくればスリークウォーターやサイドスローで投《な》げてもいいのですが、まずはオーバースローでの送球《そうきゅう》をマスターしてください。

体《からだ》を投《な》げる方向《ほうこう》に向《む》け、ひじを肩《かた》より高《たか》くして上《うえ》から下《した》へ腕《うで》を振《ふ》り切《き》ります。ボールが正《ただ》しく回転《かいてん》するよう、手首《てくび》のスナップもしっかりきかせてください。

1・2・3のリズムで投《な》げよう

まっすぐなボールを味方《みかた》へ送球《そうきゅう》するためには、足《あし》の動《うご》きで体《からだ》の向《む》きをコントロールしなければなりません。ボールを捕《と》ったら軸《じく》の右《みぎ》足《あし》（右投《みぎな》げ）を投《な》げたい方向《ほうこう》に直角《ちょっかく》になるよう小《ちい》さく踏《ふ》み出《だ》し、つぎに左足《ひだりあし》をまっすぐ大《おお》きく踏《ふ》み出《だ》してスローイングします。右足《みぎあし》、左足《ひだりあし》、投《な》げるという動作《どうさ》を「1・2・3」のリズムでできるよう練習《れんしゅう》しましょう。

野球《やきゅう》はリズムがカギ。ゴロを捕《と》るのは左足《ひだりあし》（グラブ側《がわ》）、右足《みぎあし》、左足《ひだりあし》でキャッチする「1・2・3」のリズム、捕《と》ったあとの送球《そうきゅう》も右足《みぎあし》、左足《ひだりあし》、投《な》げるで「1・2・3」のリズムです。

コーチへのアドバイス

送球《そうきゅう》しようとしてボールの握《にぎ》りがおかしいと思《おも》ったら「無理《むり》をせずにワンバウンドで投《な》げる」と教《おし》えましょう。

逆方向《ぎゃくほうこう》へ送球《そうきゅう》するときは、しっかりと体《からだ》を止《と》めて投《な》げる

グラブ側《がわ》に移動《いどう》して反対方向《はんたいほうこう》へ送球《そうきゅう》する場合《ばあい》は、捕《と》ったあと左足《ひだりあし》で体《からだ》を止《と》めながら右足《みぎあし》を大《おお》きく引《ひ》いて体《からだ》を反転《はんてん》させます。

　右方向《みぎほうこう》へ動《うご》いて打球《だきゅう》を捕《と》り左《ひだり》へ送球《そうきゅう》する、左《ひだり》へ動《うご》いて捕《と》ったボールを右《みぎ》へ投《な》げるというときは、足《あし》を踏《ふ》ん張《ば》って体《からだ》の勢《いきお》いを止《と》め、反《はん》対側《たいがわ》に向《む》いている体《からだ》の向《む》きを投《な》げる方向《ほうこう》へ向《む》けることが最優先《さいゆうせん》します。勢《いきお》いがつきすぎて体勢《たいせい》が悪《わる》いときは、無理《むり》に強《つよ》く投《な》げるよりもワンバウンド送球《そうきゅう》のほうがいいことも覚《おぼ》えておいてください。無理《むり》をするととんでもない暴投《ぼうとう》になることがあります。

逆《ぎゃく》シングルでは右足《みぎあし》の踏《ふ》ん張《ば》りで体勢《たいせい》を入《い》れかえ、左足《ひだりあし》を送球《そうきゅう》方向《ほうこう》へ踏《ふ》み出《だ》します。

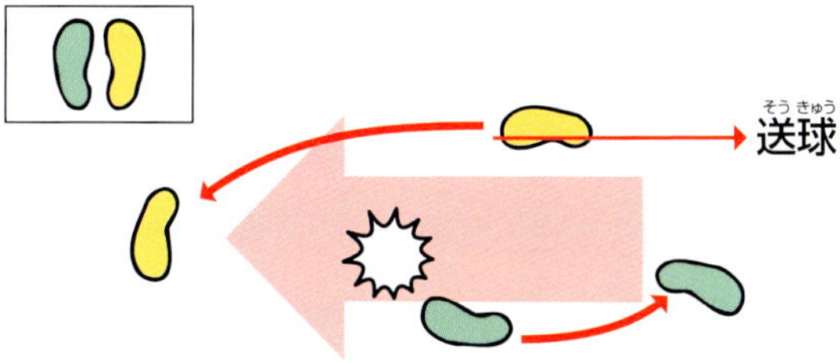

グラブ側《がわ》で捕《と》ったときは、左足《ひだりあし》と右足《みぎあし》の前後《ぜんご》をすばやく入《い》れかえます。

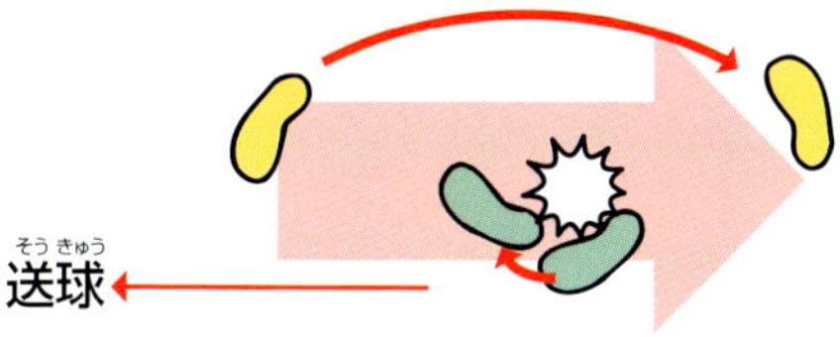

逆《ぎゃく》シングルになった場合《ばあい》は、ボールをとったあと右足《みぎあし》を1歩《ぽ》踏《ふ》み込《こ》んで体《からだ》を止《と》め、そのまま右足《みぎあし》を軸《じく》にして送球体勢《そうきゅうたいせい》に入《はい》ります。右足《みぎあし》でささえた体重《たいじゅう》を左足《ひだりあし》へ移《うつ》しながら投《な》げるのです。

コーチへのアドバイス

ボールの握《にぎ》り以外《いがい》にもむずかしいゴロを捕《と》ってあわてる、ランナーを見《み》てあわてるなど送球直前《そうきゅうちょくぜん》に「あっ」と思《おも》ったらワンバウンド送球《そうきゅう》です。

ファーストのフィールディング

ファーストの一番大《いちばんおお》きな役目《やくめ》は、ベースについて味方《みかた》からのボールをがっちりキャッチすることです。「ファーストミットがとどく範囲《はんい》ならどこへきても大丈夫《だいじょうぶ》」と自信《じしん》を持《も》って言《い》えるようになりましょう。

相手《あいて》に体《からだ》を向《む》けてミットを立《た》てる

送球《そうきゅう》する内野手《ないやしゅ》にとって目標《もくひょう》が大《おお》きければそれだけ投《な》げやすいわけですから、打球《だきゅう》が飛《と》んでベースに入《はい》ったら送球相手《そうきゅうあいて》に体《からだ》の正面《しょうめん》を向《む》け、ミットを立《た》てて前《まえ》に出《だ》します。ランナーを見《み》たり、ミットを下《さ》げたままかまえてはいけません。

ファーストの役割《やくわり》

- ●1塁《るい》ベースのカバー
- ●1塁線《るいせん》に飛《と》ぶ打球《だきゅう》の守備《しゅび》
- ●ファウルフライの守備《しゅび》
- ●バントの守備《しゅび》
- ●1塁《るい》けん制球《せいきゅう》の捕球《ほきゅう》

打球《だきゅう》が内野《ないや》に飛《と》んだら守備位置《しゅびいち》からベースに入《はい》りかまえます。右投《みぎな》げなら右足《みぎあし》だけをベースにつけ、左足《ひだりあし》は送球相手《そうきゅうあいて》の方向《ほうこう》へ踏《ふ》み出《だ》しておきます。ミットのとどく範囲《はんい》をできるだけ広《ひろ》くするためです。

ショートバウンドはバウンドに合《あ》わせて体《からだ》を伸《の》ばしてキャッチ

味方《みかた》の送球《そうきゅう》が低《ひく》くてショートバウンドになりそうなときは、バウンド直前《ちょくぜん》か直後《ちょくご》に捕《と》れるようボール方向《ほうこう》に体《からだ》と腕《うで》を伸《の》ばします。ミットを下向《したむ》きに立《た》ててボールをすくうようにキャッチできればベストです。こわがらずにキャッチするまでボールから目《め》を離《はな》さないこともとてもたいせつです。

コーチへのアドバイス

ファーストで最《さい》大《だい》の課題《かだい》はショートバウンドの捕球《ほきゅう》です。しっかり練習《れんしゅう》させましょう。シート練習《れんしゅう》とは別《べつ》に近《ちか》くからコーチが投《な》げてあげるといいでしょう。

ショートバウンドは低《ひく》い位置《いち》でキャッチするのがポイント。高《たか》くバウンドしてから捕《と》ろうとするとミスします。

ファーストミットは指《ゆび》先《さき》を下《した》、捕球面《ほきゅうめん》を上《うえ》に向《む》けます。また、捕《と》る瞬間《しゅんかん》に顔《かお》をそむけると写真《しゃしん》のようにミスしがちですから、こわくてもガマンしましょう。

セカンドのフィールディング

セカンドで一番《いちばん》たいせつなのは、いつも落《お》ち着《つ》いてプレーすることです。みんなの動《うご》きを見《み》ながら必要《ひつよう》な役割《やくわり》をしっかり果《は》たす、頼《たよ》れるプレーヤーをめざしましょう。

セカンドの守備《しゅび》のキーポイント

セカンドの定位置《ていいち》は1塁《るい》と2塁《るい》を結《むす》ぶラインの中間点《ちゅうかんてん》よりやや後《うし》ろ。スクイズにそなえるときだけは前《まえ》に出《で》て守《まも》り、それ以外《いがい》はランナーがいようといまいと定位置《ていいち》でかまえます。少年野球《しょうねんやきゅう》の場合《ばあい》はセカンドへ打球《だきゅう》がくる回数《かいすう》はあまり多《おお》くありません（右打者《みぎだしゃ》が多《おお》い）から、いつも味方《みかた》の守備全体《しゅびぜんたい》を考《かんが》えて動《うご》くようにしましょう。もちろん自分《じぶん》のところへくる打球《だきゅう》にそなえるのが最優先《さいゆうせん》ですが、つねにつぎの場面《ばめん》を予測《よそく》して動《うご》き、味方《みかた》に適切《てきせつ》な指示《しじ》を出《だ》すというのも重要《じゅうよう》な役目《やくめ》です。

セカンドの役割《やくわり》

- 1塁《るい》ベースのカバー
- 2塁《るい》ベースのカバー
- 1～2塁間《るいかん》に飛《と》ぶ打球《だきゅう》の守備《しゅび》
- 内野《ないや》フライの守備《しゅび》
- 2塁《るい》けん制球《せいきゅう》の捕球《ほきゅう》
- 外野《がいや》からの中継《ちゅうけい》
- 内外野《ないがいや》への細《こま》かい守備《しゅび》の指示《しじ》

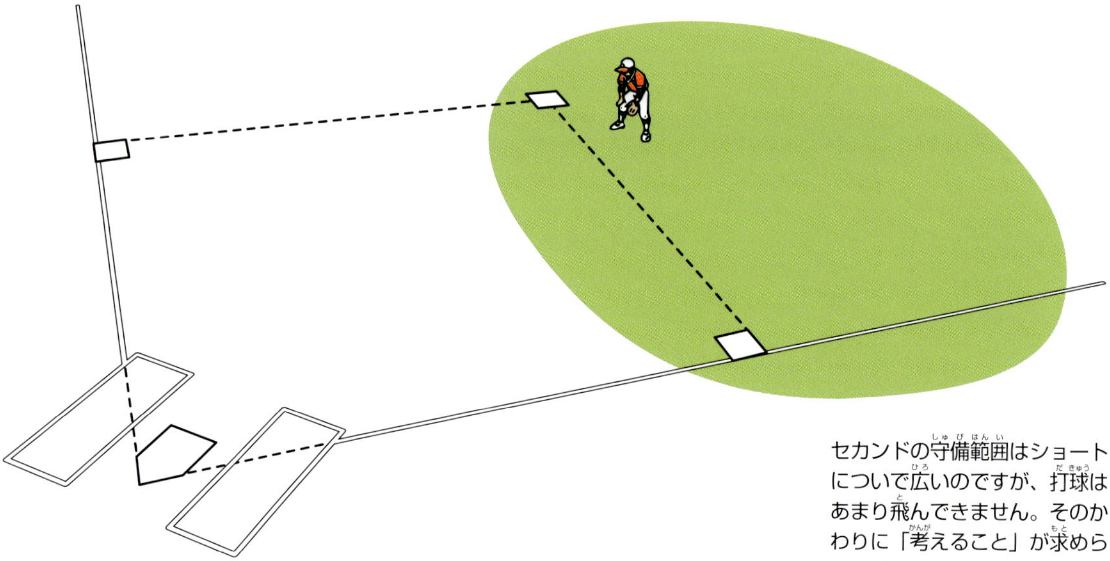

セカンドの守備範囲《しゅびはんい》はショートについで広《ひろ》いのですが、打球《だきゅう》はあまり飛《と》んできません。そのかわりに「考《かんが》えること」が求《もと》められるポジションです。

簡単《かんたん》に見《み》えるゴロほど あわてず慎重《しんちょう》に捕《と》る

コーチへのアドバイス
セカンド守備《しゅび》で一番《いちばん》むずかしいのは二遊間《にゆうかん》の高《たか》いゴロです。待《ま》たずに前進《ぜんしん》しながらバウンドを合《あ》わせる練習《れんしゅう》をさせましょう。

グラブ側《がわ》の足《あし》を出《だ》して「下《した》から上《うえ》」の動作《どうさ》で。捕《と》ったあとの送球《そうきゅう》はキャッチボールのつもりで楽《らく》に投《な》げればOKです。

正面《しょうめん》やファーストベース側《がわ》に飛《と》んでくるゴロは、落《お》ち着《つ》いて基本《きほん》に忠実《ちゅうじつ》に捕《と》ることが肝心《かんじん》です。ファーストが近《ちか》いので、キャッチしてから送《そう》球《きゅう》するまでの時間《じかん》は十分《じゅうぶん》にとれます。あわてる必《ひつ》要《よう》はぜんぜんありません。また、セカンドへのゴロは弱《よわ》いバウンドや高《たか》いバウンドが多《おお》くなります。弱《よわ》いバウンドはボールに力《ちから》がないのでしっかり手《て》のひらで捕《と》らないとグラブにきちんと入《はい》らないし、高《たか》いバウンドは地面《じめん》につく回数《かいすう》が少《すく》ないのでタイミングを間違《まちが》えるとバウンドが合《あ》いません。簡単《かんたん》に見《み》えてもむずかしいのです。

高《たか》いバウンドは下《さ》がるとよけいに捕《と》りづらくなります。必《かなら》ず前《まえ》に出《で》ながらバウンドを合《あ》わせる練習《れんしゅう》をしましょう。

セカンドベース側《がわ》のゴロはキャッチしたあと軸足《じくあし》を踏《ふ》み出《だ》して体重《たいじゅう》をかける

しっかりと体《からだ》をファーストに向《む》け、左足《ひだりあし》をまっすぐに踏《ふ》み出《だ》して投《な》げます。

　セカンドベース側《がわ》にくるゴロはヒット性《せい》の強《つよ》い当《あ》たりもあるので、右投《みぎな》げの場合《ばあい》はボールの正面《しょうめん》に回《まわ》り込《こ》めずに逆《ぎゃく》シングルでの片手《かたて》キャッチになることも少《すく》なくありません。ファーストへの送球《そうきゅう》は、まず捕《と》ると同時《どうじ》に右足《みぎあし》に体重《たいじゅう》をかけて踏《ふ》ん張《ば》り、体《からだ》の向《む》きを変《か》えながら左足《ひだりあし》を踏《ふ》み出《だ》して投《な》げます。ダブルプレーでセカンドへ投《な》げるときは、捕《と》った姿勢《しせい》からグラブを引《ひ》き上《あ》げず右手《みぎて》にボールをうつしてトスします。

捕《と》ったあと前《まえ》につんのめらないよう右足《みぎあし》でストップ。このとき右《みぎ》足《あし》がファースト方向《ほうこう》に直角《ちょっかく》になるようにします。送球《そうきゅう》の軸足《じくあし》になるからです。

トスもしっかり練習《れんしゅう》する

コーチからのアドバイス

内野《ないや》どうしの短《みじか》い送球《そうきゅう》を下《した》からのトスにするのは、ボールを受《う》けやすく投《な》げる時間《じかん》も短《みじか》くできるからです。投《な》げる方《ほう》は勢《いきお》いがつかないようにやわらかくボールを送《おく》り出《だ》すつもりでトスし、受《う》ける方《ほう》もしっかり手《て》のひらでキャッチできるよう練習《れんしゅう》しましょう。トスにはグラブから直接《ちょくせつ》投《な》げるグラブトスもありますが、まずは右手《みぎて》に持《も》ち替《か》えて投《な》げる方法《ほうほう》をマスターしてください。

サードのフィールディング

バッテリーをのぞくとバッターにもっとも近《ちか》いポジションがサードです。どんな打球《だきゅう》でもこいという強《つよ》い気持《きも》ちと、どんな打《だ》球《きゅう》にも反応《はんのう》できる瞬発力《しゅんぱつりょく》を持《も》ったプレーヤーがベストです。

サードの守備《しゅび》のキーポイント

どのポジションよりも強《つよ》いゴロやライナーとバントや当《あ》たりそこねのゆるいゴロの両方《りょうほう》にそなえなければならないのが、サードの一番大《いちばんおお》きな特徴《とくちょう》です。強《つよ》い打球《だきゅう》に対《たい》しては腰《こし》をしっかり落《お》とした低《ひく》い姿勢《しせい》でこわがらずに向《む》かっていくしかありませんし、ゆるいゴロもすばやく捕《と》らないとファーストが遠《とお》いのでアウトにできません。どちらもバッターが打《う》った瞬間《しゅんかん》に反応《はんのう》できるよう、力《りき》まずにかまえて打席《だせき》に集中《しゅうちゅう》することがたいせつです。

サードの役割《やくわり》

- ●3塁《るい》ベースのカバー
- ●3塁線《るいせん》に飛《と》ぶ打球《だきゅう》の守備《しゅび》
- ●三遊間《さんゆうかん》の守備《しゅび》
- ●ファウルフライの守備《しゅび》
- ●バントの守備《しゅび》
- ●3塁《るい》けん制球《せいきゅう》の捕球《ほきゅう》
- ●外野《がいや》の中継《ちゅうけい》

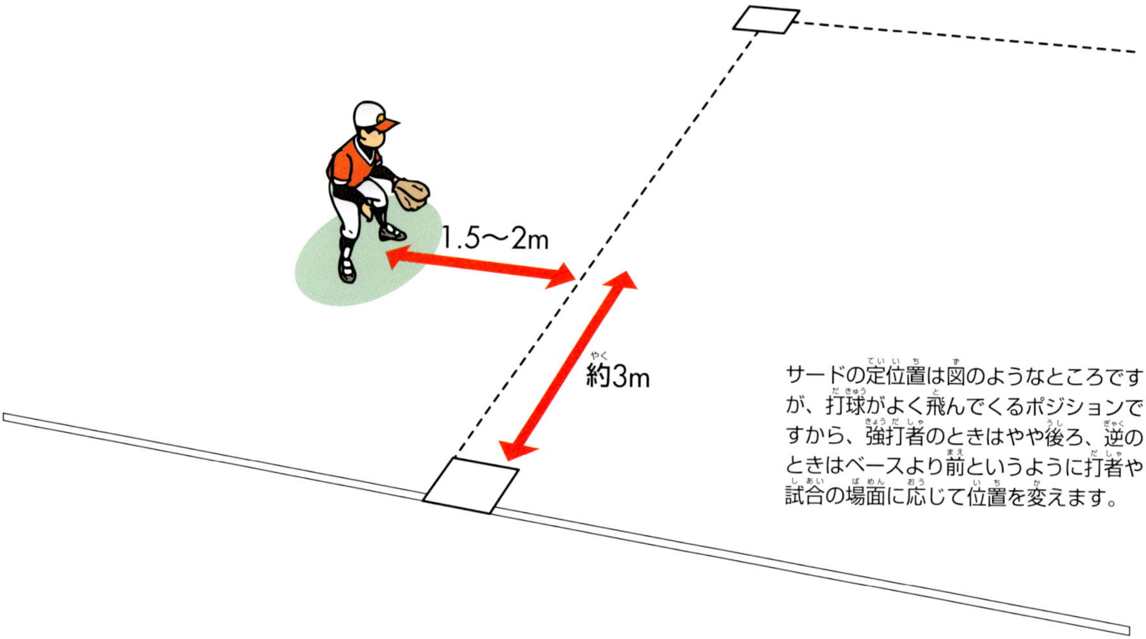

サードの定位置《ていいち》は図《ず》のようなところですが、打球《だきゅう》がよく飛《と》んでくるポジションですから、強打者《きょうだしゃ》のときはやや後《うし》ろ、逆《ぎゃく》のときはベースより前《まえ》というように打者《だしゃ》や試合《しあい》の場面《ばめん》に応《おう》じて位置《いち》を変《か》えます。

ライン際《ぎわ》の強《つよ》いゴロは当《あ》てて止《と》めるつもりでグラブを出《だ》す

コーチへのアドバイス
強《つよ》いゴロと弱《よわ》いゴロ。両極端《りょうきょくたん》をさばくサードには、最初《さいしょ》の一歩《いっぽ》を早《はや》く出《だ》す練習《れんしゅう》がたいせつです。素早《すばや》い反応《はんのう》がつねに要求《ようきゅう》されるポジションです。

３塁線《るいせん》ぎりぎりにくる強《つよ》いゴロは逆《ぎゃく》シングルで捕《と》ることになるので、体《からだ》の使《つか》い方《かた》はセカンドの逆《ぎゃく》シングルと同《おな》じです。キャッチしたら右足《みぎあし》に体重《たいじゅう》をかけて体《からだ》の動《うご》きを止《と》め、ファースト方向《ほうこう》へ体《からだ》を向《む》けながら左足《ひだりあし》を踏《ふ》み出《だ》して送球《そうきゅう》します。強烈《きょうれつ》な打球《だきゅう》でもこわがらずにグラブを差《さ》し出《だ》してください。グラブに当《あ》ててボールを止《と》めさえすれば、長打《ちょうだ》にさせずにすみます。

正面《しょうめん》から三遊間《さんゆうかん》のゴロはバウンドを合《あ》わせ基本《きほん》に忠実《ちゅうじつ》にさばく

三遊間《さんゆうかん》にゴロが飛《と》んだら右足《みぎあし》からスタートをきり、バウンドとのタイミングを合《あ》わせます。

グラブを下《した》から上《うえ》へ動《うご》かす動作《どうさ》でボールを確実《かくじつ》に手《て》のひらでキャッチします。

バント処理《しょり》の注意点《ちゅういてん》

バントの処理《しょり》もサードの大《おお》きな役目《やくめ》です。前《まえ》へダッシュしてランニングキャッチになることが多《おお》いのですが、グラブのなかでがっちりボールをつかむ（手《て》のひらでつかむ）ことを意識《いしき》してください。グラブの網《あみ》で捕《と》ろうとするのはミスの元《もと》です。捕《と》ったあとは右足《みぎあし》でしっかり軸《じく》を作《つく》って送球《そうきゅう》します。ファーストへ投《な》げるかセカンドへ投《な》げるかは、キャッチャーの指示《しじ》にしたがいます。

正面《しょうめん》への強《つよ》いゴロは腰《こし》を落《お》として体《からだ》に当《あ》てるつもりでキャッチします。ゆるいゴロや三《さん》遊間《ゆうかん》のゴロはバウンドを合《あ》わせて（セカンド正面《しょうめん》のゴロと同《おな》じ理由《りゆう》です）捕《と》りやすいバウンドの直後《ちょくご》か直前《ちょくぜん》でキャッチし、すぐにグラブを体《からだ》へ引《ひ》き寄《よ》せて送球《そうきゅう》します。三遊間《さんゆうかん》のゴロはダッシュして捕《と》ってから送球《そうきゅう》するまでのリズムがたいせつです。捕《と》ったあとの足《あし》の動《うご》きをしっかり練習《れんしゅう》しましょう。

キャッチしたらグラブを引《ひ》き寄《よ》せてボールをつかみ、右足《みぎあし》をファースト方向《ほうこう》と直角《ちょっかく》に出《だ》します。

左足《ひだりあし》をまっすぐに踏《ふ》み出《だ》しながら送球《そうきゅう》します。

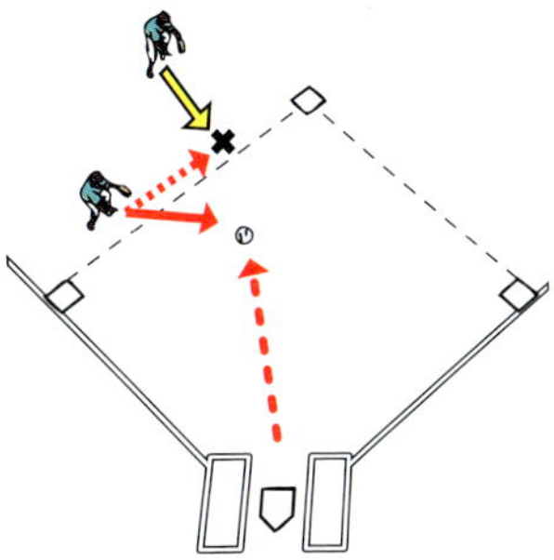

三遊間《さんゆうかん》にゴロが飛《と》ぶとショートも必《かなら》ずバックアップに動《うご》きます。サードが捕球《ほきゅう》のためにセカンド方向《ほうこう》へダッシュするとショートのじゃまになりますから、斜《なな》め前《まえ》つまりファースト方向《ほうこう》へダッシュするようにしましょう。

ワンバウンド送球《そうきゅう》をどんどん使《つか》おう

コーチからのアドバイス

サードやショートは打球《だきゅう》の方向《ほうこう》によってファーストからかなり遠《とお》い位置《いち》で捕球《ほきゅう》することがよくあります。少年野球《しょうねんやきゅう》では大人《おとな》のように速《はや》い送球《そうきゅう》をするのはまだ無理《むり》ですから、遠《とお》いときは迷《まよ》わずにファーストへワンバウンドの送球《そうきゅう》をしてください。無理《むり》に投《な》げて高投《こうとう》になったりショートバウンドになるより、最初《さいしょ》からワンバウンドで投《な》げるほうがずっと確実《かくじつ》です。

ショートのフィールディング

セカンドとは逆《ぎゃく》に試合中《しあいちゅう》もっとも よくボールの飛《と》んでくるポジションがショートです。右《みぎ》に左《ひだり》に動《うご》き回《まわ》っていろいろなタイプの打球《だきゅう》をさばく、そんな器用《きよう》なプレーヤーをめざしましょう。

ショートの守備《しゅび》のキーポイント

新《しん》チームでまだ各自《かくじ》のポジションが決《き》まっていない間《あいだ》の内野練習《ないやれんしゅう》はショートの位置《いち》で行《おこな》います。内野《ないや》に必要《ひつよう》な動《うご》きのほとんどが見《み》られるからで、実際《じっさい》にサード強襲打《きょうしゅうだ》以外《いがい》の打球《だきゅう》はすべてショートで経験《けいけん》できるといっていいでしょう。守備機会《しゅびきかい》もとても多《おお》くなるので、つねに打球《だきゅう》に意識《いしき》を向《む》けて動《うご》いていなければならないポジションです。

ショートの役割《やくわり》

- ●2塁《るい》ベースのカバー
- ●3塁《るい》ベースのカバー
- ●二遊間《にゆうかん》の守備《しゅび》
- ●三遊間《さんゆうかん》の守備《しゅび》
- ●ファウルフライの守備《しゅび》
- ●2塁《るい》けん制球《せいきゅう》の捕球《ほきゅう》
- ●外野《がいや》の中継《ちゅうけい》

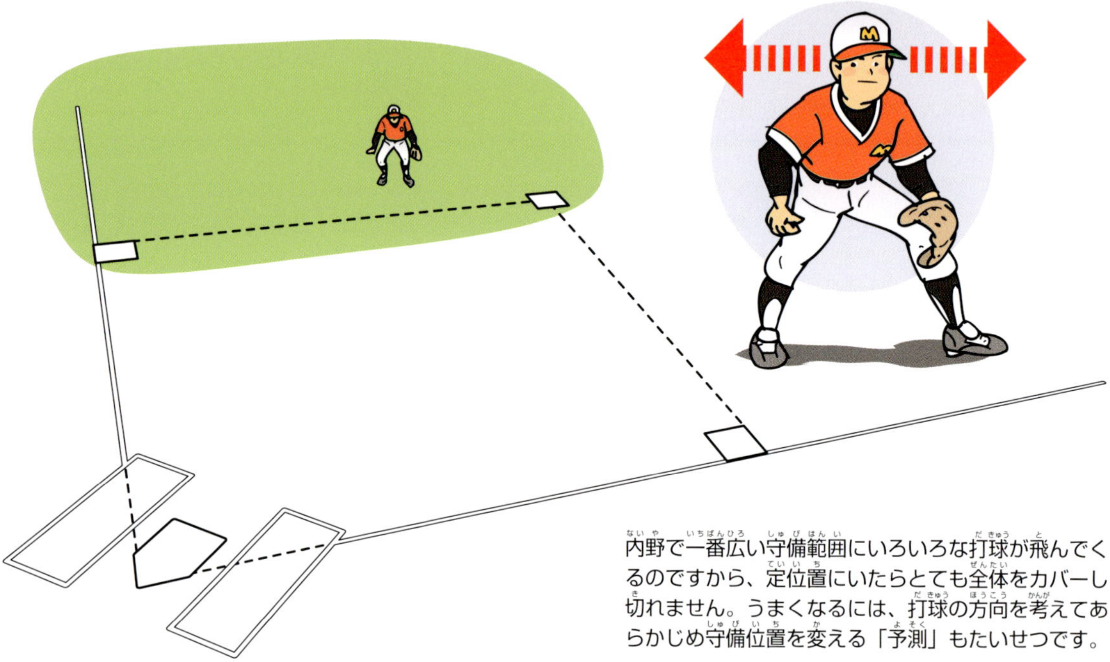

内野《ないや》で一番広《いちばんひろ》い守備範囲《しゅびはんい》にいろいろな打球《だきゅう》が飛《と》んでくるのですから、定位置《ていいち》にいたらとても全体《ぜんたい》をカバーし切《き》れません。うまくなるには、打球《だきゅう》の方向《ほうこう》を考《かんが》えてあらかじめ守備位置《しゅびいち》を変《か》える「予測《よそく》」もたいせつです。

ショートのゴロの守備《しゅび》はスピードが命《いのち》だ

ショートは守備位置《しゅびいち》がファーストから遠《とお》いうえに、三遊間《さんゆうかん》を抜《ぬ》ける深《ふか》いゴロやピッチャーのわきを抜《ぬ》けたゆるいゴロをさばくことが多《おお》いので、できるだけ早《はや》くキャッチして早《はや》く送球《そうきゅう》することが必要《ひつよう》です。あわててはいけませんが、打球《だきゅう》へのスタート、ダッシュ、捕《と》ってからのボールの持《も》ち替《か》え、送球《そうきゅう》などひとつひとつの動作《どうさ》をキビキビとおこなってください。

コーチへのアドバイス

ショートで一番《いちばん》むずかしいのは三遊間《さんゆうかん》の深《ふか》いゴロで、サードも突《つ》っ込《こ》んでくるためにあわてて二人《ふたり》がエラーすることもあります。

打球《だきゅう》に反応《はんのう》してすばやくダッシュし、バウンドを合《あ》わせて捕《と》りやすい低《ひく》い位置《いち》でキャッチします。高《たか》いバウンドのゴロではとくにたいせつなことです。

グラブを引《ひ》き寄《よ》せてボールを持《も》ち替《か》え、ファーストへ体《からだ》を向《む》けて送球《そうきゅう》します。左右《さゆう》の足《あし》のステップを正確《せいかく》に。

サード側《がわ》のゴロはキャッチしたあと、しっかり踏《ふ》ん張《ば》って送球《そうきゅう》する

三遊間《さんゆうかん》を抜《ぬ》けてくるサード側《がわ》のゴロは捕球《ほきゅう》位置《いち》がもっとも深《ふか》くなります。逆《ぎゃく》シングルでキャッチすることが多《おお》くなりますから、捕《と》ったあと右足《みぎあし》を踏《ふ》ん張《ば》って体《からだ》の勢《いきお》いを止《と》め、すばやくファーストへ体《からだ》を向《む》けます。踏《ふ》ん張《ば》った右足《みぎあし》のひざを前《まえ》に倒《たお》すようにすると、体《からだ》の向《む》きを変《か》えやすくなります。

右《みぎ》ひざを前《まえ》に倒《たお》して体《からだ》の向《む》きを変《か》え、左足《ひだりあし》へ体重《たいじゅう》を移動《いどう》させながら送球《そうきゅう》します。

セカンド側《がわ》のゴロはバウンドをうまく合《あ》わせてキャッチする

セカンド側《がわ》へは高《たか》いバウンドのゴロも多《おお》くくるので、低《ひく》い位置《いち》で捕球《ほきゅう》できるようバウンドを合《あ》わせてダッシュします。捕《と》った位置《いち》によってはファーストへの送球《そうきゅう》で体《からだ》の向《む》きを大《おお》きく変《か》えなくてはいけない場合《ばあい》もあります。そのときは軸《じく》になる右足《みぎあし》を大《おお》きく後《うし》ろに引《ひ》きます。

セカンド側《がわ》へは右足《みぎあし》からスタートします。

後方《こうほう》のフライはそのままバックしてはいけない

レフト前《まえ》やセンター前《まえ》のポテンヒットになりそうな小《しょう》フライもショートの守備範囲《しゅびはんい》です。注意《ちゅうい》ポイントは前向《まえむ》きのままバックしないことと、グラブを差《さ》し出《だ》しながら追《お》わないこと。半身《はんみ》の体勢《たいせい》で肩越《かたご》しにボールを見《み》て、落下点《らっかてん》に入《はい》ってからグラブを出《だ》します。内野《ないや》のフライは真上《まうえ》から落《お》ちてくる感《かん》じになるので、早《はや》めに落下点《らっかてん》に入《はい》ることもたいせつです。

両手《りょうて》でキャッチが基本《きほん》。右手《みぎて》でしっかりフタをします。

早《はや》く落下点《らっかてん》に入《はい》ってかまえます。

逆《ぎゃく》シングルで捕《と》ったら右足《みぎあし》に体重《たいじゅう》をかけてストップします。

サード側《がわ》へ。右足《みぎあし》で反動《はんどう》をつけて左足《ひだりあし》からスタートします。

バウンドを合《あ》わせてバウンドの直後《ちょくご》か直前《ちょくぜん》の低《ひく》い位置《いち》でキャッチします。

右足《みぎあし》を軸《じく》に左足《ひだりあし》を踏《ふ》みだしてスロー。スタートから投《な》げるまでリズミカルにできれば最高《さいこう》です。

グラブはあげない。あげて追《お》うと腕《うで》の動《うご》きが固《かた》くなります。

かまえからやや半身《はんみ》に。前向《まえむ》きでバックするとバランスをくずします。

コーチへのアドバイス

逆《ぎゃく》シングルを覚《おぼ》えると、正面《しょうめん》で捕《と》れるゴロも楽《らく》して片手《かたて》で捕《と》りがち。逆《ぎゃく》シングルは基本《きほん》ができてから最後《さいご》に教《おし》えます。

内野《ないや》フィールディングの練習《れんしゅう》メニュー

1 捕《と》りやすい打球《だきゅう》で

内野《ないや》の練習《れんしゅう》では、まず各《かく》ポジションごとに体《からだ》の正面《しょうめん》や大《おお》きく移動《いどう》しなくても捕《と》れる左右《さゆう》へ簡単《かんたん》な打球《だきゅう》を出《だ》します。捕《と》りやすいボールで正確《せいかく》な動《うご》きを身《み》につけるのが目的《もくてき》ですから、基本《きほん》どおりのフォームでしっかり捕球《ほきゅう》して、ファーストへいいボールを送《おく》るようこころがけましょう。

2 ポジション別《べつ》の打《う》ち分《わ》け

各《かく》ポジション別《べつ》に、そのポジションによくくる打球《だきゅう》を想定《そうてい》したノックをします。

・ファースト＝１塁線《るいせん》の弱《よわ》いゴロ

・セカンド＝正面《しょうめん》にくる高《たか》いバウンドのゴロ
　ファーストよりの強《つよ》めのゴロ
　二遊間《にゆうかん》の高《たか》いバウンドのゴロ

・サード＝正面《しょうめん》の弱《よわ》いゴロ
　三塁線《さんるいせん》への強《つよ》いゴロ
　三遊間《さんゆうかん》の弱《よわ》いゴロ

・ショート＝セカンドよりの高《たか》いバウンドのゴロ
　三遊間《さんゆうかん》の強《つよ》くて深《ふか》いゴロ

3 送球練習《そうきゅうれんしゅう》

ゴロをキャッチしたときはグラブ側《がわ》の足《あし》が前《まえ》に出《で》ています。その足《あし》に後《うし》ろの足《あし》を送球方向《そうきゅうほうこう》に直角《ちょっかく》の角度《かくど》でくっつけ（軸足《じくあし》になる）、同時《どうじ》にボールを握《にぎ》った手《て》を耳《みみ》まで引《ひ》き上《あ》げて投《な》げるという練習《れんしゅう》。「1・2・3」のリズムよりもさらに早《はや》く「1・2」で送球《そうきゅう》する技術《ぎじゅつ》を身《み》につけます。この練習《れんしゅう》はポジション別《べつ》ではなく内野全員《ないやぜんいん》が一カ所《いっしょ》に集《あつ》まってできます。

もちろんすべて捕《と》ったらファーストへ送球《そうきゅう》します。
以上《いじょう》の打《う》ち分《わ》けをポジションごとに3～5球《きゅう》ずつで2回《まわ》りぐらい行《おこな》います。ノックを受《う》けていないポジションの選手《せんしゅ》は自分《じぶん》の番《ばん》まで待《ま》っていますから、コーチの人数《にんずう》に余裕《よゆう》があればその時間《じかん》を利用《りよう》して各位置《かくいち》での動《うご》き方《かた》を教《おし》えます。

4 ダブルプレーのパターン練習《れんしゅう》

打者走者《だしゃそうしゃ》と塁上《るいじょう》のランナーも用意《ようい》したダブルプレーの練習《れんしゅう》です。
「6－4－3」「4－6－3」のほかサードから始《はじ》める「5－4－3」、ファーストが打球《だきゅう》を捕《と》る「3－6－4（3）」、サード送球《そうきゅう》に間《あいだ》に飛《と》び出《だ》したセカンドランナーを刺《さ》す「5－3－5」など想定《そうてい》できるダブルプレーのパターンはいろいろあります。また「5－3－5」などの場合《ばあい》はそのままランダウンプレーにつながることもあります。

5 中継《ちゅうけい》プレー

外野手《がいやしゅ》といっしょに行《おこな》う中継《ちゅうけい》プレーの練習《れんしゅう》です。バックホーム以外《いがい》にバックセカンド、バックサードもあります。中《ちゅう》継《けい》での内野手《ないやしゅ》はボールをつなぐだけでなく、外野手《がいやしゅ》が送球《そうきゅう》するときの目標《もくひょう》になることも大《おお》きな役目《やくめ》ですから、自分《じぶん》がどの位置《いち》に入《はい》ればいいのかを頭《あたま》にたたきこみましょう。

「試合中《しあいちゅう》の目《め》と耳《みみ》」

自分《じぶん》のところへ打球《だきゅう》がきたのに気《き》がつかないということはさすがにないものの、ほかへ飛《と》んだときはぼんやりそれを見《み》ているだけでカバーやバックアップに動《うご》かない選手《せんしゅ》はときどきいます。試合中《しあいちゅう》はなにに意識《いしき》を集中《しゅうちゅう》すればいいのでしょうか。

バッターの場合《ばあい》、ランナーが出《で》ていればバントなどのサインを確認《かくにん》しなければなりませんが、ピッチャーとの勝負《しょうぶ》がだいじですからボールに集中《しゅうちゅう》します。ランナーに出《で》たら目《め》は打席《だせき》に向《む》け、耳《みみ》はランナーコーチの指示《しじ》を聞《き》き逃《のが》さないようにします。

守備側《しゅびがわ》はランナーがいないときは当然《とうぜん》バッターに集中《しゅうちゅう》ですが、ランナーが出《で》てもあまり気《き》にしすぎてはいけません。とくにピッチャーが投球動作《とうきゅうどうさ》に入《はい》ったらバッターに集中《しゅうちゅう》すべきで、ランナーを気《き》にすると打球《だきゅう》がきたときにあわててしまいます。送球《そうきゅう》をあせったためにボールから目《め》がはなれてエラーをすることがよくあります。

守備《しゅび》についているときは、ピッチャーが投《とう》球動作《きゅうどうさ》に入《はい》る前《まえ》にアウトカウント、ランナーの位置《いち》、どこに送球《そうきゅう》すればいいかを1球《きゅう》ごとに確認《かくにん》しておく習慣《しゅうかん》をつけましょう。

PART 4

打《う》ったボールを捕《と》るⅡ

フィールディングの基本《きほん》・外野《がいや》

外野手《がいやしゅ》は内野手《ないやしゅ》のように強烈《きょうれつ》なゴロやライナーを捕《と》ることはありませんし、すばやいスローイングが必要《ひつよう》になることもあまりありません。そのかわりに守備《しゅび》する範囲《はんい》は内野《ないや》よりずっと広《ひろ》いので、ボールに追《お》いつく足《あし》の速《はや》さや内野《ないや》までしっかり投《な》げる肩《かた》の強《つよ》さが重要《じゅうよう》になります。また、つねに仲間《なかま》のカバーを忘《わす》れないとか、声《こえ》をかけ合《あ》って守《まも》るといったボールに触《さわ》っていないときの動《うご》きもとてもたいせつです。

打球《だきゅう》への反応《はんのう》

ボールを見《み》続《つづ》ける

おちついて目測《もくそく》する

正《ただ》しいグラブの出《だ》し方《かた》

確実《かくじつ》な捕球《ほきゅう》と送球《そうきゅう》

できるようになりたい

POINT

- 後方《こうほう》のフライに追《お》いつく
- フライを確実《かくじつ》にキャッチする
- フライの方向《ほうこう》と距離《きょり》をしっかりつかむ
- ゴロを後《うし》ろにそらさない
- 外野《がいや》ゴロを片手《かたて》でキャッチする
- 内野《ないや》へ正確《せいかく》に送球《そうきゅう》する

フライ捕球《ほきゅう》の基本《きほん》

外野《がいや》ではやはりフライを確実《かくじつ》に捕《と》ることが一番《いちばん》たいせつな役割《やくわり》です。フライの距離感《きょりかん》をつかむには反復《はんぷく》しかありませんから、練習《れんしゅう》ではできるだけ多《おお》くのフライを捕《と》るようにしてください。

自分《じぶん》が一番動《いちばんうご》きやすい姿勢《しせい》でリラックスしてかまえる

内野手《ないやしゅ》のように腰《こし》をとくに低《ひく》くする必要《ひつよう》はないので、両足《りょうあし》を肩幅《かたはば》ぐらいに開《ひら》いてひざを軽《かる》く曲《ま》げ、全身《ぜんしん》をリラックスさせてかまえるのが基本《きほん》です。ただし、たいせつなのは打球《だきゅう》に反応《はんのう》して素早《すばや》くダッシュがきれるかどうかですから、とくにかまえの形《かたち》にこだわることはありません。自分《じぶん》が一番反応《いちばんはんのう》しやすいと思《おも》う姿勢《しせい》でかまえればいいのです。

やや低《ひく》めの姿勢《しせい》ですが、自分《じぶん》が動《うご》きやすいのであればどんな形《かたち》でもかまいません。すぐダッシュできるようひざを曲《ま》げ、リラックスしていればいいのです。つねにこの姿勢《しせい》だと体《からだ》が固《かた》くなるので、ピッチャーが投球動作《とうきゅうどうさ》に入《はい》ったらかまえるようにします。

ボール・グラブ・目《め》が一直線《いっちょくせん》になるように

コーチへのアドバイス
フライ捕球《ほきゅう》は外《がい》野全員《やぜんいん》の課題《かだい》ですが、もっとも技術《ぎじゅつ》が求《もと》められるのは打球《だきゅう》の数《かず》が多《おお》くて強《つよ》い打球《だきゅう》も捕《と》らなければならないレフトです。

ボールと目《め》の間《あいだ》にグラブを出《だ》して捕球《ほきゅう》。ボール・グラブ・目《め》が一直線《いっちょくせん》にならぶ感《かん》じです。

ボールのくる方向《ほうこう》が違《ちが》うのでグラブは上向《うわむ》きになりますが、フライを捕《と》る位《い》置《ち》はキャッチボールと同《おな》じで顔《かお》の前《まえ》がベスト、けっして頭《あたま》の真上《まうえ》で捕《と》ってはいけません。ボールを見《み》ながらボールと目《め》の間《あいだ》にグラブを差《さ》し出《だ》して両手《りょうて》でキャッチします。ゆっくり前《ぜん》進《しん》して捕《と》れる平凡《へいぼん》なフライなら、落下点《らっかてん》の少《すこ》し後《うし》ろで一度止《いちどと》まり、両足《りょうあし》がそろわないようグラブ側《がわ》の足《あし》を半《はん》歩前《ぼまえ》に踏《ふ》み出《だ》してとるのが基本形《きほんけい》です。

平凡《へいぼん》なフライは一度止《いちどと》まってボールを待《ま》ってから、少《すこ》し前進《ぜんしん》しグラブ側《がわ》の足《あし》を前《まえ》に出《で》して捕《と》ります。ボールを待《ま》つことでより正《せい》確《かく》に落下点《らっかてん》には入《はい》れますし、グラブ側《がわ》の足《あし》を出《だ》しておけば捕《と》ったあとの送球《そうきゅう》がしやすくなります。

大《おお》きな当《あ》たりを背走《はいそう》してキャッチする

後方《こうほう》に上《あ》がったボールを見《み》ながら背走《はいそう》してキャッチします。浅《あさ》ければボールを追《お》い越《こ》して前進《ぜんしん》して捕《と》ることもできますが、それが無理《むり》でもとにかくボールから目《め》を離《はな》さずに落下点《らっかてん》まで最短《さいたん》距離《きょり》を走《はし》ります。

深《ふか》いフライは全力《ぜんりょく》で走《はし》る

コーチからのアドバイス

真後《まうし》ろに限《かぎ》らず後方《こうほう》への大《おお》きな当《あ》たりでとても間《ま》に合《あ》わないと判断《はんだん》したときは、ボールの飛《と》ぶ方向《ほうこう》へ迷《まよ》わず全力疾走《ぜんりょくしっそう》します。方向《ほうこう》を確認《かくにん》したらあとはボールを見《み》ずに後《うし》ろへダッシュするだけ。落《お》ちたボールの処理《しょり》を早《はや》くするのが目的《もくてき》ですが、うまくタイミングが合《あ》えば最《さい》後《ご》に振《ふ》り返《かえ》ってキャッチできる場合《ばあい》もあります。

真後《まうし》ろへのフライ

アゴを肩《かた》にのせるつもりでボールから目《め》を離《はな》さない

真後《まうし》ろだと思《おも》ったらすかさず体《からだ》を反転《はんてん》してスタート。ボールから目《め》を離《はな》してはいけません。フライに追《お》いつくには、打者《だしゃ》の特徴《とくちょう》に合《あ》わせて守備位置《しゅびいち》を移動《いどう》しておくのも大《おお》きなポイントです。最初《さいしょ》からは無理《むり》でも「予想《よそう》」する意識《いしき》は忘《わす》れないように。

　真後《まうし》ろへのフライだと判断《はんだん》したら、右《みぎ》でも左《ひだり》でも自分《じぶん》が動《うご》きやすい方《ほう》へ体《からだ》を回《まわ》して半身《はんみ》になり、右《みぎ》に回《まわ》ったら左肩《ひだりかた》、左《ひだり》なら右肩越《みぎかたご》しに打球《だきゅう》を見《み》ながら落下点《らっかてん》へ走《はし》ります。後《うし》ろ側《がわ》の肩《かた》にアゴをのせるイメージです。グラブを差《さ》し出《だ》すのは落下点《らっかてん》に近《ちか》づいてから、追《お》っている間《あいだ》は両腕《りょううで》を振《ふ》ってしっかり走《はし》ります。

コーチへのアドバイス

背走《はいそう》してのキャッチが多《おお》いのはセンターです。後《うし》ろが深《ふか》いだけでなく左右《さゆう》にも動《うご》くので走力《そうりょく》が必要《ひつよう》です。それだけに見《み》せ場《ば》も多《おお》いポジションです。

左後方《ひだりこうほう》への打球《だきゅう》

　左後方《ひだりこうほう》へのフライだと判断《はんだん》したら、右足《みぎあし》を1歩目《ぽめ》にしてダッシュします。バックする方向《ほうこう》にもよりますが、左足《ひだりあし》に重心《じゅうしん》をかけて右足《みぎあし》をクロスに踏《ふ》み出《だ》す形《かたち》です。体《からだ》の方向《ほうこう》を変《か》えたら右肩越《みぎかたご》しにボールを見《み》ながら追《お》いかけます。

コーチへのアドバイス

確実《かくじつ》にゴロをさばける技術《ぎじゅつ》がないとライトはまかせきれません。もちろん送球《そうきゅう》の早《はや》さも必要《ひつよう》です。ホームでランナーをタッチアウトにすることもできます。

右後方《みぎこうほう》への打球《だきゅう》

右後方《みぎこうほう》へのフライなら左足《ひだりあし》の1歩《ぽ》でスタートし、左肩越《ひだりかたご》しにボールを見《み》ながら落下《らっか》点《てん》へ走《はし》ります。もし塁上《るいじょう》にランナーがいても、キャッチするまでボールから目《め》を離《はな》してはいけません。

浅《あさ》いフライをダッシュして捕《と》る

浅《あさ》いフライは自分《じぶん》が捕《と》るかどうかを早《はや》く判断《はんだん》し、捕《と》ると決《き》めたら声《こえ》を上《あ》げて味方《みかた》に知《し》らせます。フライの方向《ほうこう》によっては2～3人《にん》が捕《と》りに動《うご》くことがあります。声《こえ》を出《だ》さないとぶつかったり、みんながお見合《みあ》いしたりしかねません。

キャッチできそうだと思《おも》ったら全力《ぜんりょく》でダッシュをかける

自分《じぶん》が捕《と》るフライだと判断《はんだん》したときは全力《ぜんりょく》でダッシュします。思《おも》い切《き》りよく走《はし》って最後《さいご》はスライディングして捕《と》るぐらいの勢《いきお》いでもかまいません。ただし、ボールからは最後《さいご》まで目《め》を離《はな》さないようにしてください。

浅《あさ》いフライだと判断《はんだん》したらすぐにダッシュします。

迷《まよ》うとバウンドで頭上《ずじょう》を抜《ぬ》かれる

浅《あさ》いフライが飛《と》んできたとき一番《いちばん》まずいのは、中途半端《ちゅうとはんぱ》にダッシュして目《め》のまえでバウンドさせてしまうことです。高《たか》いバウンドになってバンザイをした頭《あたま》の上《うえ》をこえていきます。「捕《と》れる」と思《おも》ったら迷《まよ》わないこと。味方《みかた》のカバーを信《しん》じて突《つ》っ込《こ》むのが正解《せいかい》です。

他《ほか》の味方《みかた》がいたら自分《じぶん》が捕《と》ることを声《こえ》でアピールし、ボールから目《め》を離《はな》さずにグラブを差《さ》し出《だ》します。

落下点《らっかてん》との距離《きょり》によっては体勢《たいせい》がくずれることもありますが、グラブだけは必《かなら》ず下《した》から出《だ》して手《て》のひらでボールをキャッチします。

外《がい》野《や》へのゴロを捕《と》る

外《がい》野《や》へのゴロでは2つの捕《と》り方《かた》があります。1つはボールを確《かく》実《じつ》に止《と》める捕《と》り方《かた》、もう1つはできるだけ早《はや》く内《ない》野《や》へ返《へん》球《きゅう》するための捕《と》り方《かた》です。

体全部《からだぜんぶ》を使《つか》って後《うし》ろへは抜《ぬ》かせない

ランナーがいないときのシングルヒットになったゴロは、とにかくボールを後《うし》ろへそらさないことが大事《だいじ》なので、体全部《からだぜんぶ》を壁《かべ》にするつもりでおさえます。返球《へんきゅう》はゆっくりでいいのですからボールから目《め》を離《はな》さず確実《かくじつ》に止《と》めてください。

ボールに近《ちか》づいてグラブ側《がわ》の足《あし》の横《よこ》で捕《と》れるようにグラブを出《だ》します。

腰《こし》を落《お》としてキャッチ。右《みぎ》のひざをついて壁《かべ》を作《つく》ります。キャッチしたあともう一方《いっぽう》の手《て》でフタをするのも忘《わす》れずに。

片手《かたて》キャッチは グラブ側《がわ》の足《あし》の外側《そとがわ》で捕《と》る

打者《だしゃ》やランナーをアウトにしたり進塁《しんるい》を防《ふせ》ぐためには、前進《ぜんしん》しながらゴロを片手《かたて》で捕《と》りすぐに内野《ないや》へ送球《そうきゅう》しなければなりません。ポイントはグラブ側《がわ》の足《あし》を前《まえ》に出《だ》し、その外側《そとがわ》でゴロをすくい上《あ》げるように捕《と》ることです。少年野球《しょうねんやきゅう》ではライトゴロがときどきありますから、ライトの選手《せんしゅ》はとくによく練習《れんしゅう》しておきましょう。

ゴロをすくい上《あ》げたらすぐに送球《そうきゅう》の動作《どうさ》に入《はい》ります。グラブ側《がわ》の足《あし》を前《まえ》に出《だ》しているので、小《ちい》さなステップで送球《そうきゅう》の体勢《たいせい》を作《つく》れます。

これをやってみよう

コーチからのアドバイス

ボールを2mぐらい前《まえ》に置《お》き、素手《すで》でゴロを捕《と》るリズムを練習《れんしゅう》します。がっちりおさえる場合《ばあい》は右《みぎ》足《あし》、左足《ひだりあし》(グラブ側《がわ》)、腰《こし》を落《お》として捕《と》る、を「1、2、3」のリズムで、片手《かたて》キャッチは、グラブ側《がわ》の足《あし》を出《だ》してボールをすくい上《あ》げる、ボールを引《ひ》き寄《よ》せる、投《な》げる、を「1、2、3」のリズムでやってみましょう。

キャッチしたボールを送球《そうきゅう》する

外野《がいや》からの送球《そうきゅう》には直接《ちょくせつ》ベースへ投《な》げる場合《ばあい》と、中継《ちゅうけい》してくれる内野手《ないやしゅ》（カットマンといいます）へ投《な》げる場合《ばあい》があり、投《な》げる距離《きょり》や試合状況《しあいじょうきょう》によっても投《な》げ方《かた》が変《か》わります。いろいろなパターンを数多《かずおお》く練習《れんしゅう》しましょう。

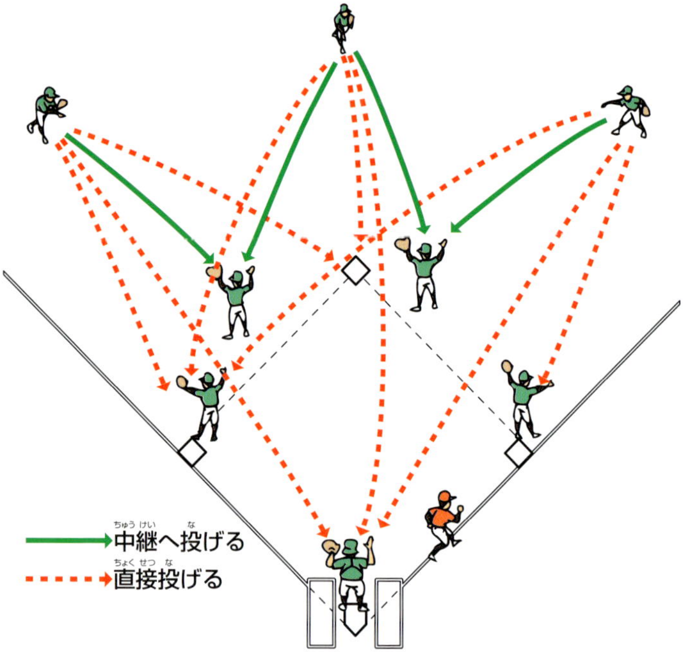

ライトゴロでファーストへ、長打《ちょうだ》でセカンドやサードへ、中継《ちゅうけい》のセカンドやショートへ、キャッチャーへバックホームなど外野《がいや》からの早《はや》い送球《そうきゅう》が必要《ひつよう》なパターンはいろいろあります。

コーチへのアドバイス

肩《かた》に自信《じしん》のない外野《がいや》の選手《せんしゅ》には、捕球《ほきゅう》したらとにかく一番近《いちばんちか》い中継《ちゅうけい》に確《かく》実《じつ》に返《かえ》すことを教《おし》えましょう。

カットマンへはキャッチボールの要領《ようりょう》。ベースへはワンバウンドで投《な》げる

中継《ちゅうけい》に入《はい》った内野手《ないやしゅ》へ投《な》げるときは、キャッチボールと同《おな》じように相手《あいて》が受《う》けやすい胸元《むなもと》へなげるのが基本《きほん》です。中継《ちゅうけい》ではなくベースについている味方《みかた》に投《な》げるときは、腰《こし》のあたりをねらって低《ひく》く投《な》げます。距離《きょり》が近《ちか》ければノーバウンド送球《そうきゅう》でもかまいませんが、ワンバウンド送球《そうきゅう》の方《ほう》がコントロールがつけやすく、味方《みかた》がタッチしやすい高《たか》さに投《な》げられます。とくにバックホームはキャッチャーの正面《しょうめん》へワンバウンドで投《な》げるようにしてください。無理《むり》にノーバウンドにしようとすると力《りき》んで悪送球《あくそうきゅう》になってしまいがちです。

ライトからのサード送球《そうきゅう》やバックホームの場合《ばあい》は、内野手《ないやしゅ》が目標《もくひょう》までの直線上《ちょくせんじょう》に中継《ちゅうけい》に立《た》ちますからその頭《あたま》をねらって全力《ぜんりょく》で投《な》げます。こうすれば内野《ないや》がカット（ボールをキャッチする）しない場合《ばあい》でもワンバウンドでベースに届《とど》くのです。

外野《がいや》から低《ひく》い位置《いち》にボールが返《かえ》ってきたら、味方《みかた》はランナーに気《き》をとられることなくボールをキャッチしてそのままタッチの動作《どうさ》にうつれます。

外野《がいや》フィールディングの練習《れんしゅう》メニュー

1 フライの反復《はんぷく》

バッターがフライを打《う》ったときに打球《だきゅう》の方向《ほうこう》と飛《と》ぶ距離《きょり》をみきわめることを「目測《もくそく》」といいますが、正《ただ》しく目測《もくそく》するためのコツとか特別《とくべつ》な技術《ぎじゅつ》はありません。何回《なんかい》も何回《なんかい》もフライを受《う》けて少《すこ》しずつ自分《じぶん》なりのカンをつかんでいくしかないのです。できるだけ数多《かずおお》くフライ捕球《ほきゅう》の練習《れんしゅう》をしましょう。

2 背走練習《はいそうれんしゅう》

後《うし》ろへ走《はし》ってフライをキャッチする感覚《かんかく》を養《やしな》う練習《れんしゅう》です。外野《がいや》の選手《せんしゅ》が横《よこ》１列《れつ》に並《なら》び、コーチが出《だ》す「右《みぎ》」「左《ひだり》」の指示《しじ》に合《あ》わせて５～６歩背走《ぼはいそう》して捕球体勢《ほきゅうたいせい》を作《つく》ります。最初《さいしょ》はボールを使《つか》わずに行《おこな》い、４～５回続《かいつづ》けたあと４～５m離《はな》れたあたりへボールを投《な》げ入《い》れて実際《じっさい》に捕球《ほきゅう》します。この練習《れんしゅう》をしてからふつうのノック練習《れんしゅう》に入《はい》るといいでしょう。

3 1バウンド、2バウンド

浅《あさ》いフライを1バウンドまたは2バウンドで確実《かくじつ》にキャッチする練習《れんしゅう》です。内野《ないや》でのバウンドと違《ちが》って外野《がいや》フライのバウンドは高《たか》く上《あ》がることが多《おお》いので、前進《ぜんしん》のしかたを間違《まちが》えると頭《あたま》をこえてしまいます。フライ捕球《ほきゅう》と同《おな》じように正《ただ》しく目測《もくそく》するカンをきたえるために、このバウンドさせてキャッチする練習《れんしゅう》をしてください。

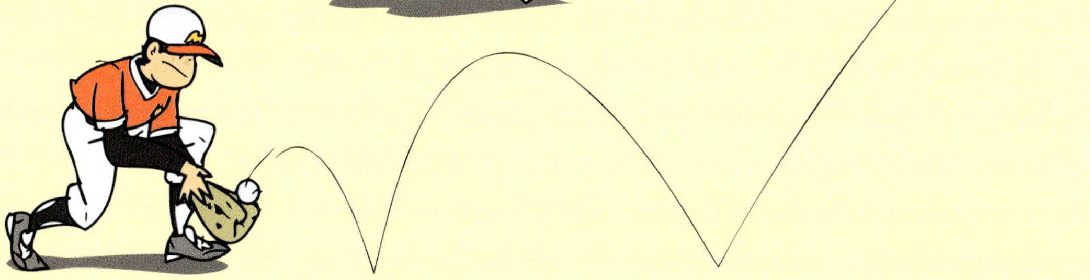

4 強烈《きょうれつ》なヒットをさばく

ライナーで飛《と》んできてバウンドする打球《だきゅう》など、試合《しあい》での強烈《きょうれつ》なヒットを想定《そうてい》した練習《れんしゅう》です。身《み》につけたいポイントは確実《かくじつ》に捕球《ほきゅう》することと、捕《と》ったあとできるだけすばやく内野《ないや》へ送球《そうきゅう》すること。最低《さいてい》でも2～3球《きゅう》はライナーの強《つよ》い打球《だきゅう》をノックに加《くわ》えてください。

5 ポジション別《べつ》

レフトへはライナー性《せい》のあたりが多《おお》く、ライトへは外《そと》へ切《き》れていくあたりが多《おお》いというようにポジションの特徴《とくちょう》に合《あ》わせた練習《れんしゅう》です。

レフト＝レフト線《せん》ライナー、強《つよ》いゴロ
センター＝真後《まうし》ろへの大《おお》きなフライ、浅《あさ》いフライ
ライト＝ライトゴロ、外《そと》へ切《き》れるフライ

各《かく》ポジションについた練習《れんしゅう》ですから、自分《じぶん》への打《だ》球《きゅう》でないときはかならずバックアップに入《はい》るようにします。

6 内野《ないや》との中継《ちゅうけい》

内野《ないや》といっしょに行《おこな》う中継《ちゅうけい》プレーの練習《れんしゅう》です。中《ちゅう》継《けい》での外野手《がいやしゅ》の役目《やくめ》は、確実《かくじつ》にボールを止《と》めることと正《ただ》しい方向《ほうこう》へ早《はや》く送球《そうきゅう》すること。自分《じぶん》で判断《はんだん》するだけではなく、味方《みかた》が投《な》げる方向《ほうこう》を指示《しじ》してくれる声《こえ》に反応《はんのう》して動《うご》く習慣《しゅうかん》も身《み》につけましょう。中継《ちゅうけい》プレーの基本的《きほんてき》なパターンはP172～175に図示《ずし》してあります。

「1・2年生《ねんせい》の練習《れんしゅう》」

チームに入《はい》ったばかりのちびっこたちの練《れん》習《しゅう》はボールに慣《な》れてもらうことが先決《せんけつ》ですから、写真《しゃしん》のようにやわらかくて大《おお》きなボールを使《つか》ったトレーニングも取《と》り入《い》れます。やわらかいボールから始《はじ》めてだんだんふつうの軟《なん》式《しき》ボールに変《か》えるのではなく、最初《さいしょ》から軟式《なんしき》ボールを使《つか》いながら、バットにうまく当《あ》ててボールを飛《と》ばす感《かん》じや手《て》のひらでボールをキャッチする感《かん》じをつかませるためにときどきやわらかいボールも使《つか》うということです。

小《ちい》さな子《こ》の練習《れんしゅう》で一番注意《いちばんちゅうい》しているのは、一方的《いっぽうてき》に教《おし》え込《こ》もうとしないことです。教《おし》えるのは投《な》げるときの手《て》のあげ方《かた》などものすごく基本的《きほんてき》なことなので、やさしい言葉《ことば》を使《つか》えばちびっこにも理解《りかい》できます。「どれが一番《いちばん》いい？」などと問《と》いかけて考《かんが》えさせるようにするのがたいせつです。

ちびっこに限《かぎ》りませんが、むやみに怒《おこ》らないのも大《おお》きなポイントです。ときには怒《おこ》ることもひつようですが、感情的《かんじょうてき》になったり、理《り》由《ゆう》を説明《せつめい》せずに怒《おこ》るのは絶対《ぜったい》にいけません。子《こ》どもたちにとって「野球《やきゅう》は楽《たの》しい」が大前《だいぜん》提《てい》になることを、指導《しどう》する大人《おとな》は忘《わす》れてはいけないと思《おも》います。

PART 5

バッテリーをやってみよう

ピッチング・キャッチングとバッテリーのフィールディング

大人《おとな》の野球《やきゅう》でもピッチャーは大事《だいじ》ですが、少年野球《しょうねんやきゅう》ではとくに大《おお》きな役割《やくわり》をはたし、そのチームが強《つよ》いか弱《よわ》いかは、いいピッチャーがいるかどうかでほとんど決《き》まるといってもいいぐらいです。他《ほか》の野手《やしゅ》がへたでもいいというのではなく、ピッチャーがよければ他《ほか》の野手《やしゅ》もどんどんいいプレーができるようになるのです。もちろん、そのピッチャーの力《ちから》を引《ひ》き出《だ》すキャッチャーの役目《やくめ》も同《おな》じぐらいたいせつです。大人《おとな》のような複雑《ふくざつ》な技術《ぎじゅつ》を覚《おぼ》える必要《ひつよう》はありませんから、自信《じしん》を持《も》ってプレーして他《ほか》の7人《にん》から信頼《しんらい》されるバッテリーをめざしましょう。

ミットの使《つか》い方《かた》

できるようになりたい POINT

「ピッチャー」
- 肩《かた》の回転《かいてん》と腰《こし》の回転《かいてん》を使《つか》って投《な》げる
- ボールにしっかり縦《たて》の回転《かいてん》をつける
- リズミカルに投《な》げる
- フォロースルーまでバランスがくずれない
- 正確《せいかく》なけん制《せい》

できるようになりたい POINT

「キャッチャー」
- 安定《あんてい》したキャッチング
- ピッチャーのリズムをくずさないキャッチング
- 盗塁《とうるい》を防《ふせ》ぐ送球《そうきゅう》
- 落《お》ち着《つ》いてキャッチャーフライを捕《と》る
- ホームをがっちり守《まも》る

ボールの正《ただ》しい回転《かいてん》

送球時《そうきゅうじ》のフットワーク

安定《あんてい》したコントロール

ピッチングの基本《きほん》

キャッチボールで覚《おぼ》えたオーバースローの動作《どうさ》をよりダイナミックにリズミカルにしてボールのスピードとコントロールをつけるのがピッチングです。上半身《じょうはんしん》、下半身《かはんしん》、体全体《からだぜんたい》のバランスの順《じゅん》にポイントをチェックしていきましょう。

オーバースローで腕《うで》の正《ただ》しい使《つか》い方《かた》を身《み》につける

ピッチングでは「腕《うで》を上《うえ》から下《した》へ」というオーバースローの腕《うで》のスイングを正確《せいかく》に行《おこな》い、肩《かた》をしっかり回《まわ》す動作《どうさ》に合《あ》わせてひじと手首《てくび》を使《つか》う投《な》げ方《かた》を確実《かくじつ》にマスターします。

オーバースロー以外《いがい》の投《な》げ方《かた》や変化球《へんかきゅう》を覚《おぼ》える必要《ひつよう》はありません。基本《きほん》の腕《うで》の使《つか》い方《かた》を覚《おぼ》える前《まえ》に無理《むり》に投《な》げるのは故障《こしょう》の元《もと》です。

ひじを肩《かた》より高《たか》く保《たも》って肩《かた》の回転《かいてん》を中心《ちゅうしん》に投《な》げるオーバースローがピッチングの基本《きほん》です。

かまえから振《ふ》りかぶるまで

ボールを握《にぎ》ってグラブに入《い》れ、体《からだ》の前《まえ》（腰《こし》の少《すこ》し下《した》）から両手《りょうて》を頭《あたま》の後《うし》ろまで振《ふ》りかぶる動作《どうさ》を「ワインドアップ」といい、ランナーがいないときはこの動作《どうさ》から投球《とうきゅう》を始《はじ》めるのがふつうです。振《ふ》りかぶるのは投球動作全体《とうきゅうどうさぜんたい》を力強《ちからづよ》くリズミカルにするためですから、できるだけ大《おお》きいほうがいいのですが、変《へん》に力《りき》むと逆効果《ぎゃくこうか》なのでひざとひじは軽《かる》く曲《ま》げて全身《ぜんしん》をリラックスさせましょう。

リラックスして大《おお》きく振《ふ》りかぶる

かまえから振《ふ》りかぶるまではキャッチャーに正面《しょうめん》を向《む》きます。このときは両方《りょうほう》の足《あし》でピッチャープレートを踏《ふ》んでいます。

ワインドアップからスローイングへ。体《からだ》はやや横向《よこむ》きになり始《はじ》め、右投手《みぎとうしゅ》の場合《ばあい》は軸《じく》の右足《みぎあし》だけがピッチャープレートに残《のこ》ります。

コーチへのアドバイス

投手《とうしゅ》には「打《う》たせない」という強《つよ》い気《き》持《も》ちが必要《ひつよう》です。「選《えら》ばれてマウンドに立《た》っているのだ」という自《じ》信《しん》を持《も》たせましょう。

上半身《じょうはんしん》の使《つか》い方《かた》

上半身《じょうはんしん》の使《つか》い方《かた》はキャッチボールのおさらいと考《かんが》えてください。ワインドアップから体《からだ》を１度横向《どよこむ》きにし、肩《かた》を軸《じく》に腕《うで》をスイングしながら前《まえ》に向《む》けていきます。ひじが肩《かた》より下《さ》がらないように注意《ちゅうい》し、リリースボールを（手《て》から離《はな》す）直前《ちょくぜん》に手首《てくび》を上《うえ》から下《した》へ強《つよ》く返《かえ》して（スナップです）ボールに回転《かいてん》をつけます。

ボールの握《にぎ》りはキャッチボールと同《おな》じ

縫《ぬ》い目模様《めもよう》に人差《ひとさ》し指《ゆび》と中指《なかゆび》をあて、下《した》は親指《おやゆび》の横面《よこめん》でささえます。リリースで手首《てくび》をスナップするときに人差《ひとさ》し指《ゆび》と中指《なかゆび》でボールをこするようなイメージで投《な》げると回転《かいてん》がかかりやすくなります。

トップ直前《ちょくぜん》でボールは逆向《ぎゃくむ》き

体《からだ》の後《うし》ろへ腕《うで》を振《ふ》っているときはボールは下向《したむ》き、トップ（前《まえ》へ投《な》げ始《はじ》める直前《ちょくぜん》）で後《うし》ろ向《む》きにします。トップでボールが前向《まえむ》きだと肩《かた》を回《まわ》すスイングができません。

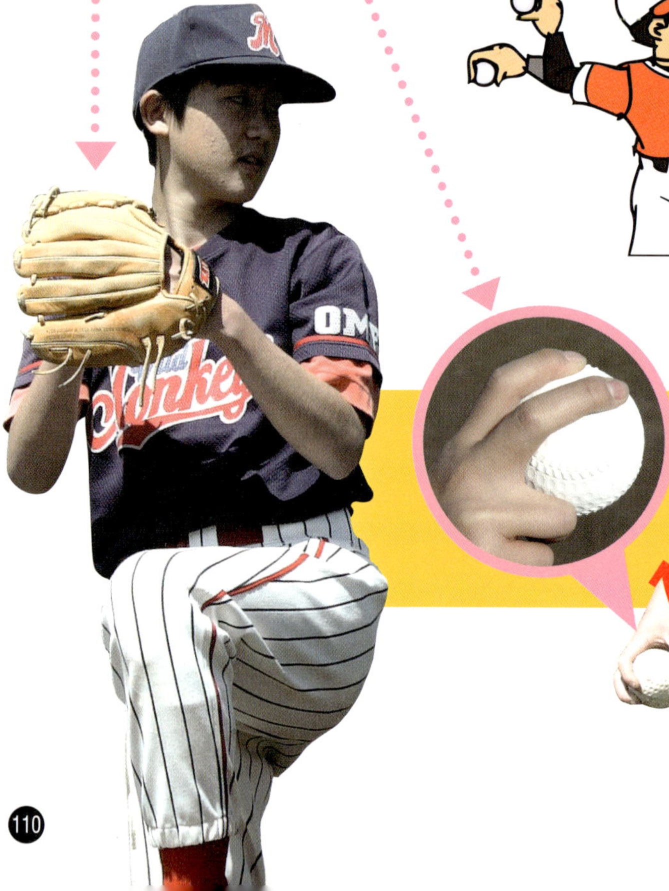

左手《ひだりて》もしっかり使《つか》う

グラブを持《も》った手《て》の役目《やくめ》もたいせつです。ボールの手《て》を後《うし》ろへスイングしたときにグラブの手《て》を前《まえ》へ大《おお》きく伸《の》ばすことで上体《じょうたい》のバランスがとれます。

コーチへのアドバイス

腕《うで》では大《おお》きなフォロースルーもたいせつ。まっすぐではなくグラブ側《がわ》の太《ふと》ももの外側《そとがわ》へ振《ふ》り下《お》ろすよう教《おし》えましょう。

ひじを棒《ぼう》にしない

腕《うで》が一番上《いちばんうえ》にきたときでもひじはやや曲《ま》げたままにします。ひじが伸《の》びきってしまうと力《ちから》のある投球《とうきゅう》ができません。

ひじの高《たか》さを保《たも》つ

トップの位置《いち》からボールをリリースするまでひじの高《たか》さは肩《かた》と同《おな》じか少《すこ》し高《たか》めに保《たも》ちます。

下半身《かはんしん》の使《つか》い方《かた》

ボールに力《ちから》をつける体重移動《たいじゅういどう》は下半身《かはんしん》の動《うご》きで行《おこな》います。右投手《みぎとうしゅ》なら左足《ひだりあし》を上《あ》げ体《からだ》を（ホームに対《たい》して）横向《よこむ》きにして力《ちから》をため、左足《ひだりあし》をステップしながら一気《いっき》に体重《たいじゅう》を前《まえ》へ移動《いどう》させる。この動《うご》きに腕《うで》のスイングがぴったり合《あ》わされば最高《さいこう》のピッチングになります。

ワインドアップから両手《りょうて》を下《お》ろすと同時《どうじ》に左足《ひだりあし》を上《あ》げて腰《こし》をひねります。プレートに当《あ》てている軸足《じくあし》はホームに直角《ちょっかく》になり、体《からだ》は横《よこ》を向《む》きます。軸足《じくあし》から背中《せなか》のラインがぐらぐらしないように。

コーチへのアドバイス

ワインドアップから腕《うで》を下《さ》げて軸《じく》足《あし》1本《ぽん》で立《た》つ。その状《じょう》態《たい》から腰《こし》を前《まえ》に出《だ》す動《うご》きで投球《とうきゅう》をスタートさせるのが最大《さいだい》のポイントです。

投球《とうきゅう》は腰《こし》からスタートする

前《まえ》への体重移動《たいじゅういどう》はひねった腰《こし》の回転《かいてん》からスタートさせます。腰《こし》をぐっと前《まえ》へ突《つ》き出《だ》す動《うご》きでリードしながら左足《ひだりあし》をステップさせていくのです。このときの軸足《じくあし》はひざが自然《しぜん》に軽《かる》く曲《ま》がる程度《ていど》。深《ふか》く曲《ま》げてはいけません。

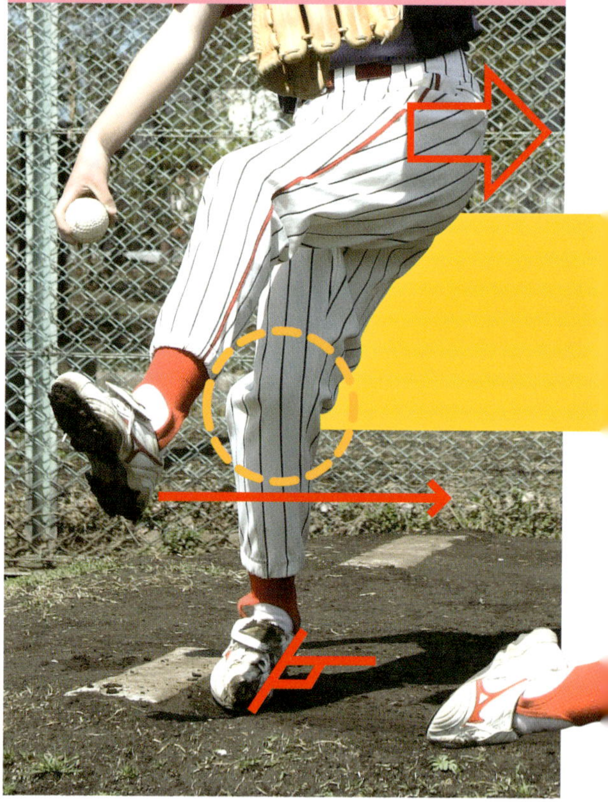

キャッチャー方向《ほうこう》へステップ。体《からだ》の幅《はば》からはみ出《だ》ないように。

ステップした左足《ひだりあし》はキャッチャー方向《ほうこう》へまっすぐに踏《ふ》み出《だ》します。軸足《じくあし》は直角《ちょっかく》、前足《まえあし》はまっすぐという基本《きほん》どおりです。踏《ふ》み出《だ》す幅《はば》はキャッチボールより大《おお》きくしますが、足《あし》を着《つ》く位置《いち》が自分《じぶん》の体《からだ》の幅《はば》からはみ出《だ》ないよう注意《ちゅうい》してください。はみ出《で》るとコントロールが乱《みだ》れます。

体重《たいじゅう》を完全《かんぜん》に前《まえ》へ移《うつ》す

ボールをリリースしたあと体重《たいじゅう》は完全《かんぜん》にステップした左足《ひだりあし》に移《うつ》っています。練習《れんしゅう》のときにリリース後《ご》に左足《ひだりあし》1本《ぽん》で立《た》ってみてください。しっかり立《た》てるなら体重移動《たいじゅういどう》は合格《ごうかく》です。左足《ひだりあし》に合《あ》わせて後《うし》ろへ蹴《け》り上《あ》げた右足《みぎあし》も前《まえ》に出《だ》します。

全身《ぜんしん》のバランスとスムーズな体重移動《たいじゅういどう》がボールの威力《いりょく》を生《う》む

前《ぜん》ページまでで説明《せつめい》した上半身《じょうはんしん》と下半身《かはんしん》の動《うご》きをどれだけバランスよく組《く》み合《あ》わせられるかがピッチング上達《じょうたつ》のカギです。バランスやリズムは「感《かん》じ」の部分《ぶぶん》が大《おお》きいので、最《さい》後《ご》は「自分《じぶん》が気持《ざも》ちよく投《な》げられて、しかもいいボールがいく」フォームをみつけるしかないのですが、練習《れんしゅう》ではいつも同《おな》じフォーム（そのときに一番《いちばん》いい思《おも》うフォームです）で投《な》げることがたいせつです。フォームが一定《いってい》していないといいところを伸《の》ばしたり、悪《わる》いところを直《なお》したりできないからです。

コーチへのアドバイス

球《たま》の速《はや》い投《とう》手《しゅ》にはコントロールをあまりうるさくいう必《ひつ》要《よう》はありません。体《からだ》の正《ただ》しい使《つか》い方《かた》を覚《おぼ》えるのが第一《だいいち》です。

キャッチャーに体《からだ》を向《む》けたままワインドアップに入《はい》ります。

両手《りょうて》を下《さ》げてスローイングへ。軸《じく》の右足《みぎあし》はホームに直角《ちょっかく》にします。

左足《ひだりあし》を上《あ》げて腰《こし》をひねり力《ちから》をためます。

腰《こし》を前《まえ》に押《お》し出《だ》し左足《ひだりあし》をステップしながら腕《うで》を振《ふ》ります。

ひじを高《たか》く。左足《ひだりあし》へ体重《たいじゅう》をうつしながら手首《てくび》のスナップをきかせてボールをリリース。

大《おお》きくフォロースルーし、右足《みぎあし》を強《つよ》くけり上《あ》げます。

セットポジションで投《な》げる

1度《ど》ワインドアップの動作《どうさ》に入《はい》ると必《かなら》ず投球《とうきゅう》しないといけないので、ランナーがいたら簡単《かんたん》に盗塁《とうるい》されます。そこでランナーがいるときは同《おな》じ姿勢《しせい》から投球《とうきゅう》とけん制球《せいきゅう》の両方《りょうほう》ができるセットポジションをとって投《な》げるのがふつうです。

ボークにならないよう体《からだ》を止《と》め、アゴを引《ひ》いてランナーを見《み》る

セットに入《はい》ったら顔以外《かおいがい》の部分《ぶぶん》を動《うご》かすとボークを宣告《せんこく》されます。体《からだ》をしっかり止《と》め、ランナーを見《み》るときはアゴを引《ひ》いて前《まえ》の肩越《かたご》しに見《み》ます。ただし、体《からだ》を固《かた》くすると逆《ぎゃく》に動《うご》いてしまうことがあるので、肩《かた》やひざはリラックスさせます。

グラブが止《と》まっていても肩《かた》が上下《じょうげ》したりひじが動《うご》くだけでボークになることがあります。顔以外《かおいがい》は動《うご》かしてはいけません。

軸足《じくあし》だけをプレートにつけて最初《さいしょ》から横向《よこむ》きに立《た》ち、両手《りょうて》を腹《はら》か胸《むね》の前《まえ》にかまえるのがセットポジションです。セットポジションからはキャッチャーに投《な》げてもランナーをけん制《せい》してもいいのですが、1度《ど》は体《からだ》の動《うご》きを完《かん》全《ぜん》に止《と》めないとボークをとられるので、十分《じゅうぶん》に注意《ちゅうい》します。また、投球《とうきゅう》するときもステップする足《あし》の上《あ》げ下《さ》げを早《はや》くするなど動作《どうさ》を早《はや》めないと盗塁《とうるい》されてしまいます。つねにランナーがいることを意識《いしき》してなげましょう。

左足《ひだりあし》を上《あ》げる動作《どうさ》も早《はや》く、小《ちい》さめに行《おこな》います。
スローイングも早《はや》め。しかし、腕《うで》の振《ふ》りが小《ちい》さくなるのはよくありません。

ボークになる投手《とうしゅ》の動作《どうさ》

- ピッチャープレートに足《あし》を触《ふ》れずに投球《とうきゅう》した
- 投球動作《とうきゅうどうさ》の途中《とちゅう》で中止《ちゅうし》した
- セットポジションをとって体《からだ》を完全《かんぜん》に止《と》めずに投《とう》球《きゅう》した
- ピッチャープレートから足《あし》をはずさずに1塁《るい》へけん制《けん》のまねをした
- ピッチャープレートから足《あし》をはずさずにランナーのいない塁《るい》へ送球《そうきゅう》や送球《そうきゅう》のまねをした
- ピッチャープレートから足《あし》をはずさずに、ステップ足《あし》を塁《るい》へ踏《ふ》み出《だ》さずに送球《そうきゅう》した
- わざと投球《とうきゅう》に時間《じかん》をかけた
- ボールを持《も》たずにプレートについた
- かまえていない打者《だしゃ》に投球《とうきゅう》した
- 打者《だしゃ》に顔《かお》を向《む》けずに投球《とうきゅう》した

けん制球《せいきゅう》

投《な》げるベースへしっかり踏《ふ》み出《だ》して落《お》ち着《つ》いて投《な》げる

ファーストへ

プレートをはずすときは軸足《じくあし》を後《うし》ろにうつすと決《き》められています。はずしたらすぐに左足《ひだりあし》を１塁《るい》へ踏《ふ》み出《だ》して投《な》げます。投《な》げるふりでもかまいません。

コーチへのアドバイス

投手《とうしゅ》はキャッチャーミットを目標《もくひょう》に投《な》げますが、最初《さいしょ》は「ミットとマスクめがけて」というように目標《もくひょう》を大《おお》きくすると投《な》げやすくなります。

プレートをはずさない場合《ばあい》は顔《かお》以《い》外《がい》を動《うご》かさないように。肩《かた》から１塁《るい》のほうに向《む》けてしまいボークをとられることが少《すく》なくありません。

けん制球《せいきゅう》には軸足《じくあし》をピッチャープレートにおいたまま投《な》げる方法《ほうほう》と足《あし》をプレートからはずして投《な》げる方法《ほうほう》があります。プレートをはずせばピッチャーは内野手《ないやしゅ》と同《おな》じになるのでボークの心配《しんぱい》がなくなる一方《いっぽう》で、ランナーに見抜《みぬ》かれやすくなります。1塁《るい》だけはプレートをはずさないとけん制《せい》のふりができない（2・3塁《るい》はOKです）ので両方《りょうほう》のやり方《かた》、2・3塁《るい》へのけん制《せい》はプレートについたままの方法《ほうほう》を覚《おぼ》えましょう。どの方法《ほうほう》でけん制《せい》するときもとくに速《はや》い送球《そうきゅう》は必要《ひつよう》ないのであわてないようにしましょう。けん制《せい》には相手《あいて》を走《はし》りにくくさせたり作戦《さくせん》をうかがったりという目的《もくてき》もあるので、アウトにできなくてもかまわないのです。

セカンドへ

セカンドはプレートをはずさずに左回《ひだりまわ》り（右投手《みぎとうしゅ》）に後《うし》ろを向《む》くほうが簡単《かんたん》です。ランナーをうかがうことができないので、セカンドやショートとのサインプレーも練習《れんしゅう》します。

サードへ

サードへはランナーへ体《からだ》が向《む》いているので、軸足《じくあし》をプレートにつけたまま上《あ》げた左足《ひだりあし》をまっすぐ前《まえ》に出《だ》して送球《そうきゅう》します。左足《ひだりあし》が軸足《じくあし》と交差《こうさ》するとボークになります。

ピッチャーのフィールディング

ピッチャーの役目《やくめ》は投球《とうきゅう》ですから内野手《ないやしゅ》のように守備《しゅび》で動《うご》き回《まわ》ることはありませんが、プレートを踏《ふ》んでいないときは野手《やしゅ》の1人《り》だということは忘《わす》れないでください。ピッチャーのフィールディングがよければ、チームの守備力《しゅびりょく》はかなりアップします。

投球《とうきゅう》のフィニッシュで守備体勢《しゅびたいせい》になっているように

　ボールを投《な》げたあとのフィニッシュで、後《うし》ろの右足《みぎあし》がステップした左足《ひだりあし》に追《お》いついて着地《ちゃくち》します。このときの体勢《たいせい》がそのまま打者《だしゃ》に対《たい》する守備《しゅび》の形《かたち》になるようにしましょう。体《からだ》は打者《だしゃ》に正面《しょうめん》を向《む》き、グラブをかまえていつでもダッシュできる低《ひく》い姿勢《しせい》です。投《な》げた勢《いきお》いで右足《みぎあし》が大《おお》きく前《まえ》に出《で》てしまうと打球《だきゅう》への反応《はんのう》が遅《おく》れます。

左足《ひだりあし》と右足《みぎあし》が平行《へいこう》に並《なら》んで体《からだ》が正面《しょうめん》を向《む》くのがベストのフィニッシュ。打球《だきゅう》が飛《と》んでくることをいつも意識《いしき》しておくことがたいせつです。

コーチへのアドバイス

球速《きゅうそく》をもう少《すこ》し上《あ》げたい投手《とうしゅ》は下半身《かはんしん》の強化《きょうか》がかかせません。しっかりと走《はし》り込《こ》みと投《な》げ込《こ》みをやらせます。

ピッチャーゴロ

ピッチャーゴロはゆるいゴロが多《おお》いのでグラブの手《て》のひらでしっかり捕《と》ります。ランナーがいるときはキャッチャーの指示《しじ》で送球《そうきゅう》しましょう。

ピッチャーライナー

投球《とうきゅう》したあとの守備体勢《しゅびたいせい》ができていないとライナーは捕《と》れません。瞬間《しゅんかん》的《てき》にグラブを出《だ》す早《はや》い反応《はんのう》もひつようです。

キャッチャーの基本《きほん》

キャッチャーはその名前《なまえ》のとおりピッチャーの球《たま》を「捕《と》る」のが一番《いちばん》たいせつな仕事《しごと》です。ピッチャーが気分《きぶん》よく投《な》げられるような捕《と》り方《かた》をしてあげましょう。また、味方《みかた》にいろいろな指示《しじ》を出《だ》す「守備《しゅび》の要《かなめ》」の役割《やくわり》も忘《わす》れないでください。

かかとを軽《かる》く上《あ》げ、手首《てくび》をリラックスさせてかまえる

両《りょう》ひざは肩幅《かたはば》よりやや広《ひろ》めに開《ひら》き、ミットは低《ひく》めの位置《いち》でピッチャーに向《む》けてまっすぐかまえます。片手《かたて》でキャッチするので、もう一方《いっぽう》の手《て》は体《からだ》の外側《そとがわ》におきます。

足《あし》はべったりと地面《じめん》につけず、内側《うちがわ》(親指側《おやゆびがわ》)に体重《たいじゅう》をかけてかかとを浮《う》かせます。手首《てくび》に力《ちから》を入《い》れず、ボールにミットを差《さ》し出《だ》すようにしてしっかり捕球《ほきゅう》します(極端《きょくたん》に前《まえ》へミットを出《だ》すとバットにあたって打撃妨害《だげきぼうがい》になるので注意《ちゅうい》してください)。

キャッチングではミットだけを動《うご》かすのではなく、ボールのコースへ体《からだ》を寄《よ》せて捕《と》ることが肝心《かんじん》です。もちろんすべてのボールを体《からだ》の真《ま》ん中《なか》で捕《と》るのは無理《むり》ですからできるだけ体《からだ》を動《うご》かすということですが、それをやらずにミットだけを動《うご》かすとキャッチしたあとミットがストライクゾーンからはずれて微妙《びみょう》なコースを「ボール」に判定《はんてい》されてしまいます。

ミットだけ動《うご》かさず、体《からだ》で捕球《ほきゅう》する気持《きも》ちで

ボールのコースに体《からだ》を動《うご》かしてキャッチ。ミットをストライクゾーンの内側《うちがわ》へ向《む》けるような感《かん》じで捕《と》るのがベストです。

コーチへのアドバイス

ふつうのキャッチングはバッテリーでいいですが、ショートバウンドを捕《と》る練習《れんしゅう》は監督《かんとく》かコーチがボールを投《な》げてあげましょう。

極端《きょくたん》にミットを突《つ》き出《だ》してボールを迎《むか》えにいくのもよくありません。

ミットの向《む》きが逆《ぎゃく》。低《ひく》く入《はい》ってくるボールはミットを下《した》に向《む》けて捕《と》ります。

ピッチャーのリズムをくずさないように

コーチからのアドバイス

ピッチャーが調子《ちょうし》のいいときは一定《いってい》のリズムで投球《とうきゅう》してきますから、キャッチャーはそのリズムをつかんで同《おな》じリズムで返球《へんきゅう》するようにこころがけましょう。自分勝手《じぶんかって》に返球《へんきゅう》を遅《おそ》くしたり、逆《ぎゃく》に早《はや》く投《な》げ返《かえ》したりすると、せっかくいい感《かん》じで投《な》げているピッチャーのリズムをくずしてしまいます。

ショートバウンドは絶対《ぜったい》に後《うし》ろに転《ころ》がさない

ピッチャーの投球《とうきゅう》がショートバウンドになったときは、とにかく後《うし》ろにそらさないよう全力《ぜんりょく》をつくします。ポイントは「こわがらずにアゴを引《ひ》いてボールを見《み》る」「ボールの正面《しょうめん》に入《はい》る」「ひざをついて股《また》の空間《くうかん》をせまくする」こと。ミットに入《はい》らなくても、体《からだ》に当《あ》てて前《まえ》に落《お》とせばOKです。

ショートバウンドがきたら体《からだ》をボールの正面《しょうめん》に入《い》れ、股《また》の間《あいだ》からボールが抜《ぬ》けないようミットとひざでカバーします。

上半身《じょうはんしん》をバウンドに対《たい》して90度《ど》にすれば、ミットで捕《と》れなくてもボールは手元《てもと》に落《お》ちます。左右《さゆう》にそれたボールは図《ず》のようにそれた側《がわ》の肩《かた》を前《まえ》に出《だ》して体《からだ》にあてれば、ホームプレート付近《ふきん》へボールを落《お》とせます。

キャッチャーから送球《そうきゅう》する

盗塁《とうるい》してきたランナーをホームから矢《や》のような送球《そうきゅう》でアウトにするというのも、キャッチャーの腕《うで》のみせどころです。セカンドだけでなく、ファーストとサードへもビシッといい球《たま》を送《おく》れるようになりましょう。

力《りき》まず、足《あし》の基本形《きほんけい》を忘《わす》れずに

軸足《じくあし》を投《な》げる方向《ほうこう》に直角《ちょっかく》にして、もう一方《いっぽう》をまっすぐに踏《ふ》み出《だ》すという足《あし》の基本《きほん》はキャッチャーの送球《そうきゅう》でも同《おな》じです。ただし、一瞬《いっしゅん》のスピードを争《あらそ》うため腕《うで》はピッチングみたいに時間《じかん》をかけられません。キャッチと同時《どうじ》にミットを後《うし》ろへ引《ひ》いて右手《みぎて》でボールを握《にぎ》り、右耳《みぎみみ》まで一直線《いっちょくせん》にテイクバックしたらそれ以《い》上腕《じょううで》は後《うし》ろへ引《ひ》かずに素早《すばや》く送球《そうきゅう》します。

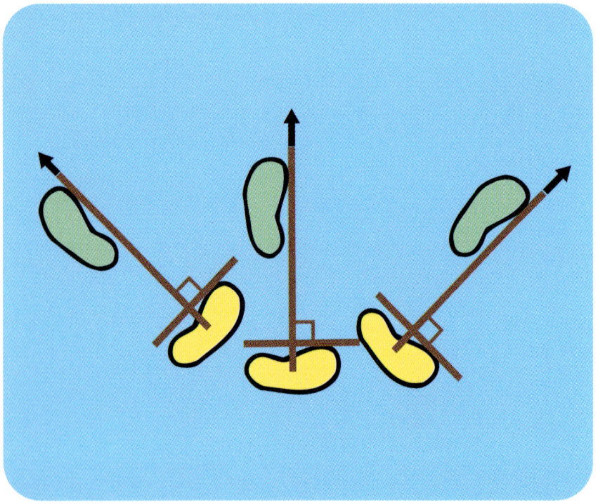

キャッチ、右足《みぎあし》を引《ひ》いて体重《たいじゅう》をかける、ミットを引《ひ》く、右手《みぎて》を右耳《みぎみみ》へ…ここまでの動作《どうさ》を一気《いっき》に行《おこな》って送球《そうきゅう》します。

セカンドへ ピッチャーの頭《あたま》をねらって投《な》げる

一番多《いちばんおお》いのは盗塁《とうるい》した１塁《るい》ランナーを２塁《るい》でアウトにするための送球《そうきゅう》です。キャッチしたら重心《じゅうしん》を右足《みぎあし》にかけ、２塁《るい》へ左足《ひだりあし》をまっすぐにステップして投《な》げます。時間《じかん》を少《すこ》しでも短《みじか》くするため、ランナーが出《で》ているときは右《みぎ》足《あし》を少《すこ》し後《うし》ろに引《ひ》いたかまえでキャッチングする方法《ほうほう》もあります。

テイクバックを大《おお》きくとれないので、ボールにスピードをつけるには腕《うで》をできるだけ大《おお》きく振《ふ》りぬくようにします。

２塁《るい》への送球《そうきゅう》はマウンドにいるピッチャーの頭《あたま》をねらいます。ピッチャーの頭《あたま》に当《あ》てるつもりで投《な》げれば、タッチしやすいショートバウンドの球《たま》が２塁《るい》へ届《とど》きます。

ファーストへ

左足《ひだりあし》はまっすぐ ファーストへ向《む》ける

キャッチャーからファーストへ投《な》げるのは、1塁《るい》ランナーのリードが大《おお》きくて戻《もど》りきれていないというような場合《ばあい》で、ピッチャーのけん制《せい》と違《ちが》って「アウトにする」のが目的《もくてき》ですから速《はや》い球《たま》を送《おく》ります。右足《みぎあし》をやや大《おお》きめに引《ひ》いて重心《じゅうしん》をかけ、左足《ひだりあし》を1塁方向《るいほうこう》へまっすぐステップして投げましょう。

コーチへのアドバイス

キャッチャーは味方《みかた》を盛《も》り立《た》てるのも仕《し》事《ごと》のひとつ。アウトカウントだけでもいいので大《おお》きな声《こえ》を出《だ》すよう指《し》導《どう》します。

ランナーのリードが大《おお》きいときはすかさず右足《みぎあし》を大《おお》きく引《ひ》いて送球体勢《そうきゅうたいせい》に入《はい》ります。

左足《ひだりあし》をファースト方向《ほうこう》へまっすぐに踏《ふ》み出《だ》して、早《はや》いモーションで投《な》げます。

ミットをかまえたファーストのひざあたりをねらって投《な》げるのがベストです。

サードへ

右打者《みぎだしゃ》のときはバッターの背中側《せなかがわ》で投《な》げる

２塁《るい》ランナーの盗塁《とうるい》をサードでアウトにするための送球《そうきゅう》です。サードからの送球《そうきゅう》の特徴《とくちょう》は右《みぎ》バッターがいる場合《ばあい》、バッターの背中側《せなかがわ》から投《な》げる点《てん》にあります。軸《じく》になる右足《みぎあし》を左足《ひだりあし》の後《うし》ろまで大《おお》きく引《ひ》いて３塁方向《るいほうこう》と直角《ちょっかく》にし、左足《ひだりあし》を３塁《るい》へまっすぐステップさせて投《な》げるのです。

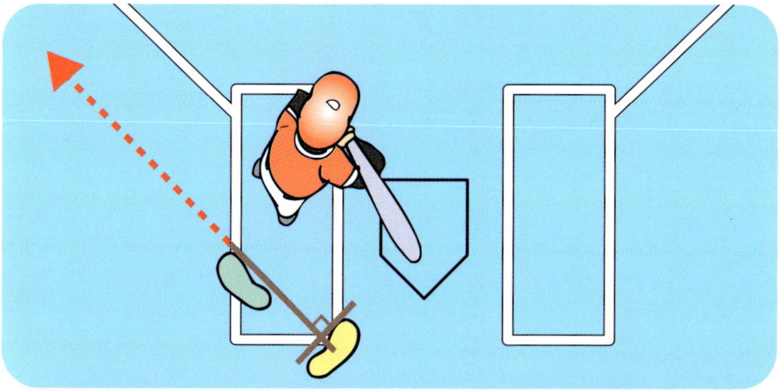

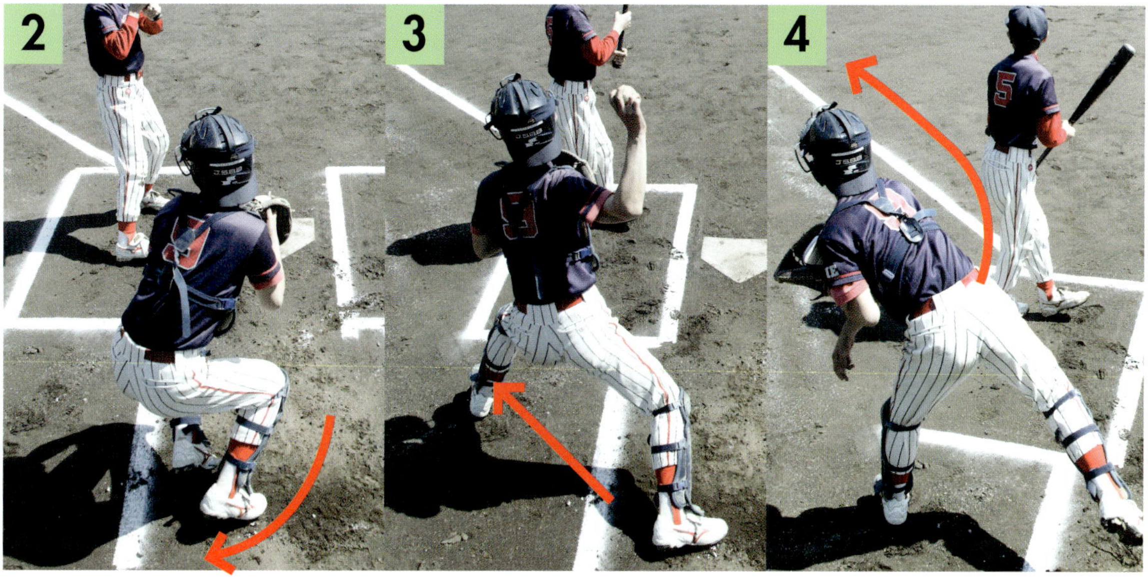

右足《みぎあし》を大《おお》きく後《うし》ろに引《ひ》き、バッターの背中側《せなかがわ》からサードへ。左足《ひだりあし》をまっすぐにサードへ踏《ふ》み出《だ》すのがポイントです。

ホームベースを守《まも》る

ボールに向《む》かっていくような気《き》持《も》ちがないといいキャッチングはできませんが、ホームでのタッチプレーでも同《おな》じようなことがいえます。突《つ》っ込《こ》んでくるランナーをこわがらず、冷静《れいせい》に相《あい》手《て》の動《うご》きを見《み》ていないとホームは守《まも》れません。

腰《こし》を落《お》として投《な》げる方《ほう》の手《て》でボールをがっちり握《にぎ》っておく

バックホームの球《たま》を受《う》けたらホームベースの前《まえ》でしっかり腰《こし》を落《お》としてランナーにタッチします。腰《こし》を十分《じゅうぶん》に落《お》とさないとミットの下《した》を足《あし》がすり抜《ぬ》けたり、引《ひ》き飛《と》ばされたりします。また、他《ほか》の塁《るい》ではグラブにボールを入《い》れたまま片手《かたて》タッチしますが、ホームでは右《みぎ》手《て》（投《な》げる方《ほう》の手《て》）でボールを握《にぎ》ってミットに入《い》れ、両手《りょうて》でタッチするのが基本《きほん》です。

ボールを握《にぎ》った手《て》をミットへ入《い》れてタッチ（左《ひだり》）。こうすればタッチした後《あと》の送球《そうきゅう》も早《はや》くなります。送球《そうきゅう》しなくてもいいときは、ボールをミットに入《い》れて手《て》でフタをする（右《みぎ》）方法《ほうほう》でもOKです。

ボールがミットに入《はい》ってからしっかりタッチにいきましょう。

ボールがミットに入《はい》っていないのにひざをついたりしてベースをガードしてはいけません。

ボールがそれてとれなかった場合《ばあい》でも、転《ころ》んだまま走《そう》者《しゃ》の走塁《そうるい》コースをじゃましたりしてはいけません。

走塁妨害《そうるいぼうがい》に注意《ちゅうい》しよう

ホームベースでのタッチプレーはキャッチャーのがんばりが大《おお》きなポイントになります。ただし、意気込《いきご》みが強《つよ》すぎて、バックホームのボールを受《う》ける前《まえ》から地面《じめん》にひざをつけてランナーを待《ま》ちかまえたりしてはいけません。ランナーにタッチするために体勢《たいせい》を低《ひく》くするのはミットにしっかりボールが入《はい》ってからです。ボールを受《う》ける前《まえ》にひざをついたりすると「走塁妨害《そうるいぼうがい》（オブストラクション）」をとられてしまいます。

「走塁妨害《そうるいぼうがい》（オブストラクション）」とは野手《やしゅ》がボールを持《も》たないときか、あるいは野手《やしゅ》がボールを処理《しょり》する行為《こうい》をしていないときに、走者《そうしゃ》の走塁《そうるい》を妨《さまた》げる行為《こうい》である。

キャッチャーゴロ、キャッチャーフライを捕《と》る

キャッチャーの守備範囲《しゅびはんい》にくる打球《だきゅう》はキャッチャーゴロとキャッチャーフライしかありません。アウトカウントを増《ふ》やすチャンスなので、落《お》ち着《つ》いて処理《しょり》しましょう。

ゴロ　両手《りょうて》で捕《と》る

同《おな》じ両手《りょうて》キャッチでもキャッチャーゴロでの両手《りょうて》は、ふつうのゴロのときと少《すこ》し意味《いみ》が違《ちが》います。素手《すで》で捕《と》るとミスすることがあるのでミットも使《つか》う、つまりミットは素手《すで》をカバーするために使《つか》うのです。捕《と》ったあと1塁《るい》へ送球《そうきゅう》するときは、ランナーにぶつけないよう注意《ちゅうい》します。ファウルラインの左側《ひだりがわ》にそって投《な》げればいいでしょう。

ゴロに勢《いきお》いはなくてもボールが強《つよ》く回転《かいてん》していることがよくあります。

ボールの前《まえ》へミットを出《だ》し右手《みぎて》(投《な》げる方《ほう》の手《て》)をミットの中《なか》にそえてボールをつかみます。

ミットですくいあげて送球《そうきゅう》します。

フライ

重心《じゅうしん》を低《ひく》くしてかまえ顔《かお》の前《まえ》でキャッチする

キャッチャーフライは打球《だきゅう》の落《お》ち方《かた》が一定《いってい》ではないので、できるだけ早《はや》く落下点《らっかてん》に入《はい》り、重心《じゅうしん》を低《ひく》くかまえて変化《へんか》に対応《たいおう》できるようにすることがたいせつです。ただ、大人《おとな》のフライのように高《たか》く上《あ》がることはあまりないので、早《はや》く動《うご》かないと間《ま》に合《あ》いません。

すぐにマスクをはずし、ひざを曲《ま》げて重心低《じゅうしんひく》くかまえます。

目《め》とグラブ（ミット）とボールを一直線《いっちょくせん》にして捕《と》る基本《きほん》は同《おな》じ。顔《かお》の前《まえ》でがっちりキャッチします。

コーチへのアドバイス

キャッチャーゴロとフライではフライキャッチのほうがむずかしいので、練習《れんしゅう》の機会《きかい》を多《おお》くしてあげましょう。

バッテリーの練習《れんしゅう》メニュー

　バッテリーとくにピッチャーの練習《れんしゅう》はほかの選手《せんしゅ》とは別《べつ》に行《おこな》う時間《じかん》が長《なが》くなります。平《へい》均的《きんてき》な練習《れんしゅう》メニュー（P185参照《さんしょう》）を例《れい》にとると、ピッチャーはトスバッティングを最初《さいしょ》にすませて走《はし》り込《こ》みを行《おこな》い、内外野《ないがいや》がフィールディング練習《れんしゅう》をしているときにキャッチャーと2人《り》でブルペンでの投球練習《とうきゅうれんしゅう》をします。

1 走《はし》り込《こ》み

トスバッティングのあとピッチャーは30～40分間《ぶんかん》の走《はし》り込《こ》みをします。持久力《じきゅうりょく》をつけるためで、いいピッチングを続《つづ》けるには、同学年《どうがくねん》の校内《こうない》マラソンで1～2位《い》になれるぐらいの持久力《じきゅうりょく》が必要《ひつよう》です。もちろんチームの練習日《れんしゅうび》だけでは足《た》りないので、走《はし》り込《こ》みは毎日《まいにち》します。距離《きょり》は自分《じぶん》がむりなく走《はし》れる長《なが》さでかまいません。最初《さいしょ》は1周《しゅう》200mの校《こう》庭《てい》を毎日《まいにち》1周《しゅう》するだけでもいいのです。1週間続《しゅうかんつづ》けたらつぎの週《しゅう》は1周《しゅう》増《ふ》やします。1週間《しゅうかん》ごとに1周《しゅう》ずつ増《ふ》やして10周《しゅう》（多《おお》くても15周《しゅう》）走《はし》れるようになったら、あとは増《ふ》やさずに続《つづ》けていきます。

2 距離《きょり》を変《か》えてキャッチボール

30〜40分間《ぶんかん》のランニングのあとは、キャッチャーとふつうのキャッチボールを15往復《おうふく》ぐらいします。ピッチングの半分《はんぶん》の距離《きょり》からだんだん距離《きょり》を長《なが》くしてピッチャープレートの2〜3m後《うし》ろまで、キャッチャーのかまえたミットに正確《せいかく》にコントロールしてください。この練習《れんしゅう》のときに、キャッチャーはボールを受《う》けたあと1回座《かいすわ》ってから投《な》げ返《かえ》す動作《どうさ》をすれば自分《じぶん》の練習《れんしゅう》にもなります。

3 投《な》げ込《こ》み

マウンドから投《な》げるピッチングの練習《れんしゅう》です。最初《さいしょ》の10球《きゅう》はキャッチャーが立《た》ったまま投《な》げ、つぎにピッチングフォームをチェックしながら20球《きゅう》、つぎにコースをいろいろに投《な》げ分《わ》けて30球《きゅう》、最後《さいご》に全力《ぜんりょく》投球《とうきゅう》で10～20球《きゅう》投《な》げます。合計《ごうけい》で70～80球《きゅう》。多《おお》めに投《な》げたときの1試合《しあい》の球《たま》数《かず》になります。1日《にち》の練習《れんしゅう》で投《な》げるのは70～80球《きゅう》、多《おお》くても100球《きゅう》以内《いない》にしてください。

4 キャッチャーのフィールディング練習《れんしゅう》

キャッチャーフライなどキャッチャーのフィールディングは、野手《やしゅ》のノックのときにいっしょに行《おこな》います。また、内《ない》外野《がいや》の中継《ちゅうけい》プレーを練習《れんしゅう》するときには当然《とうぜん》キャッチャーも加《くわ》わります。

「指導《しどう》スタッフと保護者《ほごしゃ》」

選手《せんしゅ》の保護者《ほごしゃ》とうまくコミュニケーションをとることも監督《かんとく》や指導《しどう》スタッフのたいせつな仕事《しごと》です。保護者《ほごしゃ》の協力《きょうりょく》がなければチームは成《な》り立《た》ちません。しかし、ときには誤解《ごかい》や意見《いけん》の対立《たいりつ》から関係《かんけい》がギクシャクすることもあります。そうならないために、指導《しどう》スタッフの側《がわ》から保護者《ほごしゃ》のみなさんにお願《ねが》いしたいことをいくつかあげておきます。

まず、ほかの保護者《ほごしゃ》や子《こ》どもから聞《き》いたことを鵜呑《うの》みにして、監督《かんとく》やコーチを批判《ひはん》するのは困《こま》ります。グラウンドで練習《れんしゅう》を直接《ちょくせつ》見《み》てもらえば誤解《ごかい》が解《と》けることもたくさんあると思《おも》います。練習《れんしゅう》を見《み》たうえで指導《しどう》方法《ほうほう》に質問《しつもん》や疑問《ぎもん》があるときは、ためらわずにすべて話《はな》すことも重要《じゅうよう》です。ふつうの指導者《しどうしゃ》なら質問《しつもん》すればきちんと答《こた》えるはずで、質問《しつもん》にヘソを曲《ま》げたりするようなら指導者《しどうしゃ》のほうが悪《わる》いのです。

家庭《かてい》でその日《ひ》の練習内容《れんしゅうないよう》を子《こ》どもにやらせ、うまくできないと叱《しか》るのも良《よ》くありません。練習《れんしゅう》したことをすぐにうまくできる子《こ》どもなどめったにいません。それに、できないことのダメ出《だ》しは監督《かんとく》やコーチからすでにたっぷりとやられているはずなので、家《いえ》に帰《かえ》ってまでやらせるのは、子《こ》どもを野球嫌《やきゅうぎら》いにさせるだけです。技術《ぎじゅつ》の上達《じょうたつ》は長《なが》い目《め》で見《み》てあげてほしいものです。

PART 6

ダイヤモンドを走《はし》る

ベースランニングの基本《きほん》

ベースランニングはただ一生懸命《いっしょうけんめい》走《はし》ればいいというものではありません。どこまで走《はし》ればいいのか、どのぐらいリードするのか、スタートするのかしないのか…などを、打球《だきゅう》の方向《ほうこう》や相手《あいて》の守備《しゅび》の様子《ようす》、アウトカウント、点差《てんさ》によって考《かんが》えなくてはいけません。しかも、その方法《ほうほう》は自分《じぶん》がどの塁《るい》にいるかによっても違《ちが》います。足《あし》と頭《あたま》を使《つか》う走塁《そうるい》を身《み》につけましょう。

できるようになりたい

POINT

- 適切《てきせつ》なリード
- 盗塁《とうるい》のタイミングをつかむ
- スピードが落《お》ちないスライディング
- タッチをかいくぐるスライディング
- 打球《だきゅう》を見《み》てスタートの判断《はんだん》をすること
- サインを絶対《ぜったい》に見落《みお》とさないこと

盗塁《とうるい》と帰塁《きるい》の判断《はんだん》

しっかりしたスライディング

無駄《むだ》のないベースランニング

思《おも》い切《き》りのいいヘッドスライディング

ファーストへ走《はし》る

最初《さいしょ》はバッターボックスからファーストへの走塁《そううるい》です。打《う》ったら全力《ぜんりょく》で走《はし》るのが大基本《だいきほん》ですが、打球《だきゅう》によって、1塁《るい》ベースを駆《か》け抜《ぬ》けてしまう走《はし》り方《かた》とベースを回《まわ》り込《こ》む走《はし》り方《かた》があります。

ファウルラインの外《そと》へ

1塁《るい》へはファウルラインとスリーフットラインの間《あいだ》を走《はし》ります。ベースを踏《ふ》んだ次《つぎ》の1歩《ぽ》からファウルグラウンドへ走《はし》り出《だ》てしまえば、たとえタッチされてもアウトにはなりません。

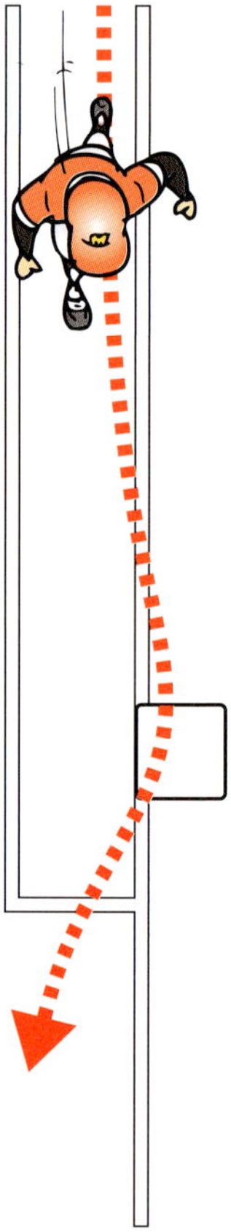

打《う》ったら全力《ぜんりょく》で走《はし》ります。当《あ》たりが悪《わる》くても相手《あいて》がエラーするかもしれないのですから、スピードをゆるめてはいけません。

コーチへのアドバイス

ベースランニングは単純《たんじゅん》なかけっこの速《はや》さだけではだめで、野球《やきゅう》ならではの走《はし》り方《かた》があることを理解《りかい》させましょう。

とにかく全力疾走《ぜんりょくしっそう》で駆《か》け抜《ぬ》ける

打球《だきゅう》がゴロになって内野手《ないやしゅ》にキャッチされそうなときは、全力疾走《ぜんりょくしっそう》で１塁《るい》ベースを駆《か》け抜《ぬ》けてしまいます。内野《ないや》からの送球《そうきゅう》が遅《おく》れるかもしれないし、ファーストが送球《そうきゅう》を捕《と》りそこなうかもしれません。そんなときセーフになるベストの方法《ほうほう》が駆《か》け抜《ぬ》けることです。ベースを踏《ふ》んだあとファウルグラウンドに出《で》ればアウトになりません。

ベースを踏《ふ》んで外側《そとがわ》へ走《はし》り抜《ぬ》けます。ヘッドスライディングするよりもずっと速《はや》いのです。

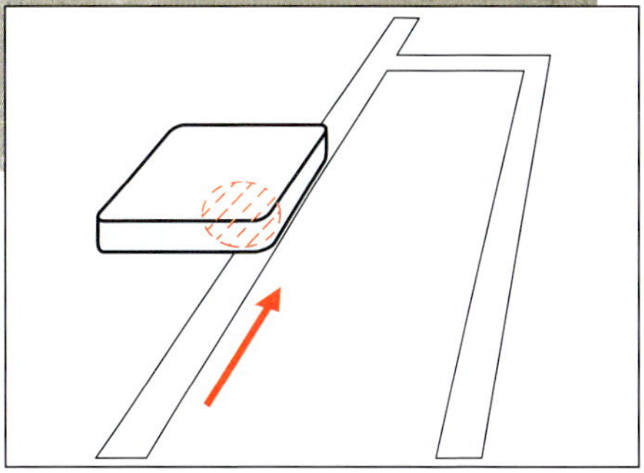

走《はし》り抜《ぬ》けるときはベースの手前右《てまえみぎ》すみを左足《ひだりあし》で踏《ふ》んで外《そと》へ出《で》ます。

オーバーランは塁間《るいかん》5分《ぶん》の1まで。打球《だきゅう》の行方《ゆくえ》を見《み》ながら戻《もど》る

打球《だきゅう》がゴロでもフライでも外野《がいや》へ飛《と》んだら、1塁ベースを回《まわ》って2塁《るい》へのコースで走《はし》ります。上体《じょうたい》をやや左《ひだり》に倒《たお》すとベースをうまく回れます。

ベストは90度《ど》ターン

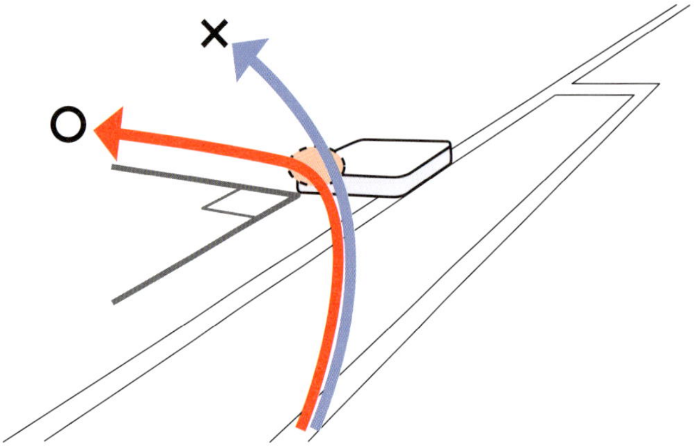

オーバーランするときは1塁《るい》ベースの手前左《てまえひだり》すみを左足《ひだりあし》で蹴《け》ります。走《はし》る方向《ほうこう》をできるだけ90度《ど》に切《き》り替《か》えるためで、右足《みぎあし》で蹴《け》ると外側《そとがわ》へふくらんでしまいます（2塁《るい》から3塁《るい》、3塁《るい》からホームへも同《おな》じ）。

コーチへのアドバイス

ベースランニングは歩幅《ほはば》を覚《おぼ》えられるかどうかもカギのひとつ。ベースを踏《ふ》む足《あし》が走《はし》るたびに変《か》わるようだと歩幅《ほはば》がわかっていません。

打球《だきゅう》が内野《ないや》の間《あいだ》を抜《ぬ》けたり、外野《がいや》に飛《と》んだときは「オーバーラン」といって2塁《るい》をねらう走《はし》り方《かた》に切《き》り替《か》えます。長打《ちょうだ》のときに2塁《るい》、3塁《るい》をめざすのは当然《とうぜん》ですが、外野前《がいやまえ》のシングルヒットや外野《がいや》フライでも相手《あいて》がミスをするかもしれませんから、そのチャンスを逃《のが》さないためです。1塁《るい》ベースを回《まわ》り込《こ》んだあと、打球《だきゅう》がどうなるかを見《み》ながら1・2塁間《るいかん》5分《ぶん》の1ぐらいまでオーバーランし、外野《がいや》がキャッチしたら1塁《るい》に戻《もど》ります。戻《もど》るときもボールから目《め》を離《はな》さないようにしましょう。

外野《がいや》がボールを止《と》めたらストップ。そのまま2塁《るい》へ走《はし》るのは暴走《ぼうそう》です。

1塁《るい》への戻《もど》り始《はじ》めは後《うし》ろ向《む》きに移動《いどう》します。ボールを捕《と》った外《がい》野手《やしゅ》の動《うご》きを見《み》るためです。

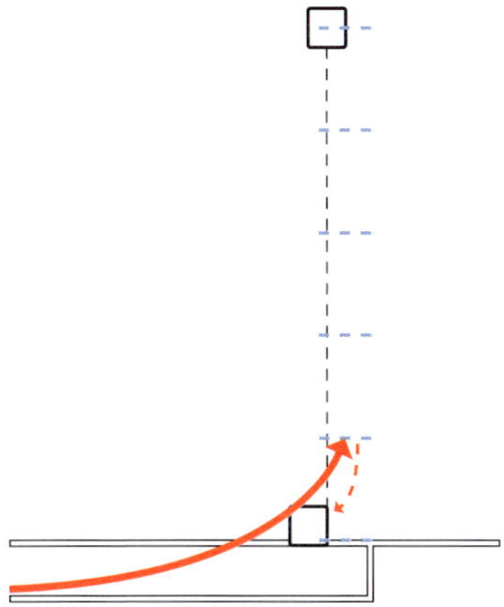
オーバーランは2塁方向《るいほうこう》へ塁間《るいかん》の5分《ぶん》の1ぐらい進《すす》んでストップ。外野《がいや》の動《うご》きを見《み》きわめます。

最後《さいご》までボールからは目《め》を離《はな》さずに。とくに少年野球《しょうねんやきゅう》ではボールがピッチャーに戻《もど》るまでなにが起《お》こるかわかりません。

リードとスティール

塁《るい》に出《で》たらリードをとり、スキがあったらいつでも次《つぎ》の塁《るい》に進《すす》むぞという意気込《いきご》みを持《も》ちましょう。アウトになるかセーフになるかはわずか10分《ぶん》の1秒《びょう》ぐらいの時間《じかん》で決《き》まるので、塁上《るいじょう》では少《すこ》しの体《からだ》の動《うご》きにも十分注《じゅうぶんちゅう》意《い》をはらってください。

全身《ぜんしん》の長《なが》さプラス1歩《ぽ》。1・2塁《るい》を結《むす》ぶ直線上《ちょくせんじょう》でリードする

リードはいつでも走《はし》り出《だ》せる低《ひく》い姿勢《しせい》を作《つく》り、1塁《るい》ランナーのときは1・2塁《るい》を結《むす》ぶ直《ちょく》線上《せんじょう》でピッチャーを見《み》ます。どのぐらいリードするかはランナーの足《あし》の速《はや》さによって違《ちが》いますが、両手《りょうて》を頭《あたま》の上《うえ》にいっぱいに伸《の》ばしたときの自分《じぶん》の全身《ぜんしん》の長《なが》さプラス1歩《ぽ》で見当《けんとう》をつけます。足《あし》に自信《じしん》があるならさらにもう1歩分伸《ぽぶんの》ばしてもいいでしょう。

1塁《るい》ランナーは塁間《るいかん》の直線上《ちょくせんじょう》でリードします。少《すこ》し後《うし》ろにずれると2塁《るい》までの距離《きょり》が半《はん》歩《ぽ》〜1歩分長《ぽぶんなが》くなり、盗塁《とうるい》するときにとても不利《ふり》です。

全身《ぜんしん》の長《なが》さプラス1歩《ぽ》というのは、右《みぎ》ページの帰塁《きるい》に合《あ》わせた長《なが》さです。リードしているかまえから右足《みぎあし》を1歩踏《ぽふ》み出《だ》して手《て》から戻《もど》ればちょうど手《て》の先《さき》がベースに届《とど》きます。

手《て》からベースに戻《もど》る

最大《さいだい》にリードしている位置《いち》からピッチャーのけん制《せい》で1塁《るい》に戻《もど》るときは、足《あし》から戻《もど》ったのでは間《ま》に合《あ》いません。ヘッドスライディングのように頭《あたま》から戻《もど》り、手《て》を伸《の》ばしてベースに触《ふ》れます。低《ひく》く戻《もど》ることでファーストのタッチもかわしやすくなります。

ファーストのタッチから少《すこ》しでも遠《とお》くするために、右手《みぎて》をベースの左角《ひだりすみ》につくようにします。ついた手《て》は体《からだ》を起《お》こして足《あし》をベースにつけるまでベースから離《はな》してはいけません。気《き》を抜《ぬ》いて足《あし》のつく前《まえ》に手《て》を離《はな》すと、その瞬間《しゅんかん》にタッチされてアウトになることがあります。

スティールはピッチャーの足《あし》でスタートする

盗塁《とうるい》は「ピッチャーはけん制《せい》してこない」と判断《はんだん》したときにスタートをきります。判断《はんだん》するポイントのひとつはピッチャーの前側《まえがわ》の足《あし》で、右投手《みぎとうしゅ》なら左足《ひだりあし》が上《あ》がった瞬間《しゅんかん》に走《はし》り出《だ》すのです。ただし、足《あし》ばかりに集中《しゅうちゅう》しすぎると体《からだ》が固《かた》くなってスタートが遅《おく》れることがあります。少《すこ》しむずかしい言《い》い方《かた》ですが、ピッチャーの全身《ぜんしん》を見《み》ながらきっかけをつかんでください。

スライディング 体《からだ》を浮《う》かせないように走《はし》るスピードのまま滑《すべ》り込《こ》む

体《からだ》のどちら側《がわ》を下《した》にするかはやりやすい方《ほう》でかまいません。下《した》になる方《ほう》の足《あし》で地面《じめん》を蹴《け》って折《お》りたたみ、上《うわ》側《かわ》の足《あし》をベースへ伸《の》ばして滑《すべ》ります。手《て》は両方《りょうほう》とも肩《かた》より上《うえ》にあげておきましょう。

ヘッドスライディングとホームへのスライディング

ふつうのスライディング以外《いがい》に、ピッチャーのけん制《せい》で塁《るい》に戻《もど》るときやギリギリの3塁打《るいだ》でベースに滑《すべ》り込《こ》むようなときはヘッドスライディングを使《つか》いますし、ホームではキャッチャーミットをかいくぐるスライディングも使《つか》います。

ヘッドスライディングも上《うえ》に跳《と》ぶと痛《いた》いだけでうまく滑《すべ》れません。できるだけ斜《なな》めに飛《と》び込《こ》んで胸《むね》と腹《はら》で滑《すべ》ります。両手《りょうて》は最後《さいご》まで地面《じめん》から浮《う》かせておくよう注意《ちゅうい》してください。

ベースを踏《ふ》む一番早《いちばんはや》い方法《ほうほう》は走《はし》り抜《ぬ》けることですが、1塁以外《るいいがい》では走《はし》り抜《ぬ》けるとタッチされてアウトになるので、クロスプレーになるときは確実《かくじつ》にベースでストップできるスライディングを使《つか》います。ポイントは走《はし》ってきたスピードのまま低《ひく》く短《みじか》く滑《すべ》ること。変《へん》な滑《すべ》り方《かた》をするとケガをすることがあるので、正《ただ》しい滑《すべ》り方《かた》をしっかり練習《れんしゅう》しましょう。

スライディングはベースから体《からだ》1つ分《ぶん》ぐらいのところから滑《すべ》ります。ベースをねらって斜《なな》めに低《ひく》く。上《うえ》に跳《と》ぶとスピードが遅《おそ》くなるだけでなく、地面《じめん》と体《からだ》がぶつかって痛《いた》い思《おも》いをします。写真《しゃしん》のように下《した》の足《あし》がベースにつくタイミングに合《あ》わせて立《た》ちあがる技術《ぎじゅつ》もマスターしましょう。

ホームインのときに大《おお》きく外側《そとがわ》に回《まわ》り込《こ》んでキャッチャーのタッチをかわすスライディングです。低《ひく》く差《さ》し込《こ》んでホームプレートにつけた左《ひだり》手《て》を中心《ちゅうしん》に全身《ぜんしん》を回転《かいてん》させる感《かん》じです。

コーチへのアドバイス

スライディングは滑《すべ》ろうとする1歩《ぽ》目《め》でちゅうちょしないことが肝心《かんじん》。1歩《ぽ》目《め》で迷《まよ》うのはケガのもとです。

セカンド・サードでのリード

3人《にん》の野手《やしゅ》に注意《ちゅうい》する

2塁《るい》ランナーになったときは、1塁《るい》のようにいつも野手《やしゅ》がベースにくっついているわけではないので、長《なが》めにリードをとることができます。1塁《るい》でのリードより2～3歩多《ぽおお》め、足《あし》に自信《じしん》があるなら4～5歩多《ほおお》めでもいいでしょう。ただし、ベースカバーにはセカンドとショートのどっちが入《はい》ってくるかわからないので、両方《りょうほう》に注意《ちゅうい》していなければなりません。また、少年野球《しょうねんやきゅう》ではセンターが入《はい》ってくることもあります。センターの守備位置《しゅびいち》が浅《あさ》いときは3人《にん》に注《ちゅう》意《い》ということです。

うっかりしているとピッチャーからのけん制《せい》で刺《さ》されてしまいます。

セカンドとショートばかり気《き》にしているとセンターが突《つ》っ込《こ》んできます。

サードを回《まわ》りやすいライン

2塁《るい》ランナーも2・3塁《るい》を結《むす》ぶ直線上《ちょくせんじょう》でリードをとるのが基本《きほん》ですが、1本《ぽん》出《で》たら一気《いっき》にホームまでいってしまおうというケースではやや後《うし》ろ寄《よ》りにリードをとります。こうしたほうが3塁《るい》からホームへ方向《ほうこう》を変《か》えるときのカーブが大《おお》きくなって走《はし》りやすいのです。

左《ひだり》の選手《せんしゅ》がふつうの2塁《るい》でのリード位置《いち》、右《みぎ》はホームをねらうときのリード位置《いち》です。

サードのリードはすぐに ホームへ突《つ》っ込《こ》めるように

3塁《るい》ランナーはいざとなったらすぐにホームへ突《つ》っ込《こ》むつもりでリードします。打球《だきゅう》がフライやライナーのときはあわててはいけませんが、ゴロになったらバウンドのしかたによっていくらでもホームインできるチャンスが生《う》まれるからです。ピッチャーが暴投《ぼうとう》することやキャッチャーがパスボールすることだってあります。

3塁《るい》でのリードはライン上《じょう》に立《た》ってはいけません。3塁線《るいせん》の強打《きょうだ》がもし体《からだ》に当《あ》たったら守備妨害《しゅびぼうがい》でアウトになってしまいます。かならずファウルグラウンドに出《で》てリードしましょう。

サードはノーアウト、1アウトのときはピッチャーが投《な》げるまでベースにくっついているのがふつうです。ランナーも投球《とうきゅう》ごとにリードし、キャッチャーミットにボールが入《はい》ったらすぐに帰塁《きるい》します。

コーチへのアドバイス

セカンドでのリードの距離《きょり》も体《からだ》の全長《ぜんちょう》プラス1歩《ぽ》が基《き》本《ほん》。この距離《きょり》から守備《しゅび》の動《うご》きに合《あ》わせて1歩《ぽ》、もう1歩《ぽ》と増《ふ》やします。

ランナーに出《で》たときの基本《きほん》の走塁《そうるい》

ランナーになったときは、チャンスを見逃《みのが》さずにつぎの塁《るい》へ進《すす》むことを考《かんが》えていなければなりません。ここではヒットエンドランなど特別《とくべつ》なサインが出《で》ていないときの走《はし》り方《かた》を説明《せつめい》します。

1塁《るい》ランナー

1塁《るい》のランナーは打球《だきゅう》がゴロならアウトカウントに関係《かんけい》なく2塁《るい》へ走《はし》らないといけません。完全《かんぜん》にアウトのタイミングでも相手《あいて》がミスをするかもしれませんから、力《ちから》を抜《ぬ》かずに全力《ぜんりょく》で走《はし》りましょう。

2塁《るい》ランナー

2塁《るい》ランナーでむずかしいのは打球《だきゅう》がサードゴロになったときです。ノーアウトか1アウトならリードしたままサードの動《うご》きを見《み》て、ファーストへ送球《そうきゅう》する瞬間《しゅんかん》に3塁《るい》へ走《はし》ります。ショートが3塁《るい》ベースカバーに入《はい》っていないか遅《おく》れていることも確認《かくにん》してください。2アウトならサードが確実《かくじつ》にファーストへ送球《そうきゅう》してから走《はし》ります。

セカンドゴロやショートゴロならファーストへの送球《そうきゅう》が早《はや》いので3塁《るい》へは走《はし》れません。相手《あいて》がエラーしないかぎりベースに戻《もど》るのが正解《せいかい》です。ただし、ショートゴロでもうんと深《ふか》い場合《ばあい》はサードゴロと同《おな》じように3塁《るい》へ進《すす》むチャンスをうかがってください。

2塁《るい》ランナーはサードがファーストへ投《な》げる瞬間《しゅんかん》にスタートをきります。タイミングが早《はや》すぎるとファーストへ投《な》げるマネをしてはさまれます。

打球《だきゅう》がゴロになった場合《ばあい》

3塁《るい》ランナー

ふつうのサードゴロのときはベースに戻《もど》ります。サードゴロでもサードが前進《ぜんしん》して捕《と》ろうとしている場合《ばあい》やセカンドゴロ、ショートゴロのときは少《すこ》しベース側《がわ》へ戻《もど》り様子《ようす》を見《み》ます。捕球《ほきゅう》すればベースに戻《もど》り、エラーならホームへ走《はし》るわけです。ファーストゴロも同《おな》じです。ただし、2アウトのときはどんなゴロでもホームに走《はし》ります。

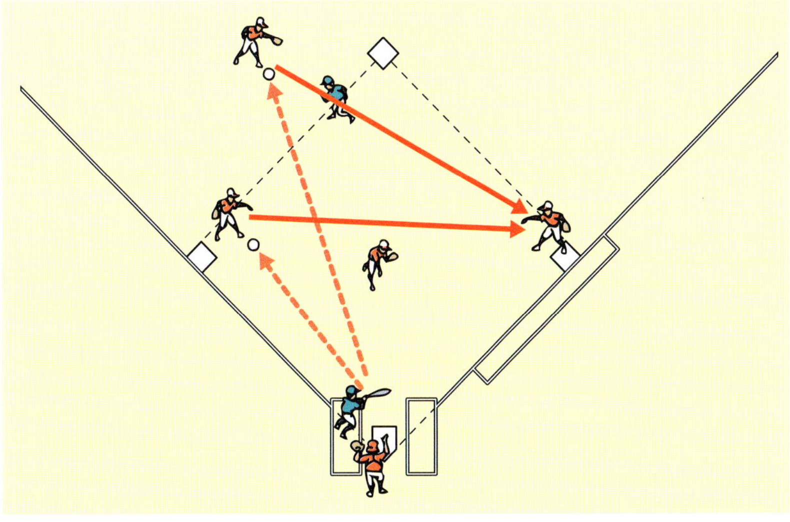

サードゴロや深《ふか》いショートゴロで2塁《るい》ランナーが3塁《るい》へ走《はし》れるのは、ファーストへの距離《きょり》が遠《とお》くて送球《そうきゅう》に時《じ》間《かん》がかかるからです。

コーチへのアドバイス

走塁《そうるい》の練習《れんしゅう》はどれだけ試合《しあい》のときの気持《きも》ちでやれるかがポイントです。緊張感《きんちょうかん》を持《も》たせましょう。

打球《だきゅう》がフライになった場合《ばあい》

1塁《るい》ランナー

1塁《るい》ランナーは外野《がいや》へフライが上《あ》がったら打球《だきゅう》の方向《ほうこう》によってリードする位置《いち》（ハーフウェイといいます）をかえて見守《みまも》ります。外《が》野《や》がフライを捕球《ほきゅう》したら1塁《るい》ベースへ戻《もど》るのですが、近《ちか》くのライトフライよりも遠《とお》いレフトフライのほうが返球《へんきゅう》に時間《じかん》がかかるのでリードを大《おお》きくできるのです。打球《だきゅう》が外野《がいや》を越《こ》えたり外野《がいや》が落《おと》したりしたときは、もちろん2塁《るい》へ全力《ぜんりょく》で走《はし》ります。また、2アウトのときはハーフウェイで待《ま》たず、どんなフライでもスタートをきることも忘《わす》れないように。これは2塁《るい》や3塁《るい》にいるときも同《おな》じです。

2塁《るい》ランナー

2塁《るい》ランナーのリードの位置《いち》はどの方向《ほうこう》へのフライでも同《おな》じで、外野《がいや》が捕《と》ったら戻《もど》り、ヒットになったら走《はし》ります。ひとつだけ違《ちが》うのはライトへ大《おお》きなフライ（ファウルでも）が上《あ》がったときで、タッチアップで3塁《るい》に進《すす》めるチャンスですからライトが捕球《ほきゅう》しそうだなと思《おも》ったらベースに戻《もど》り、捕球《ほきゅう》と同時《どうじ》に走《はし》ります。

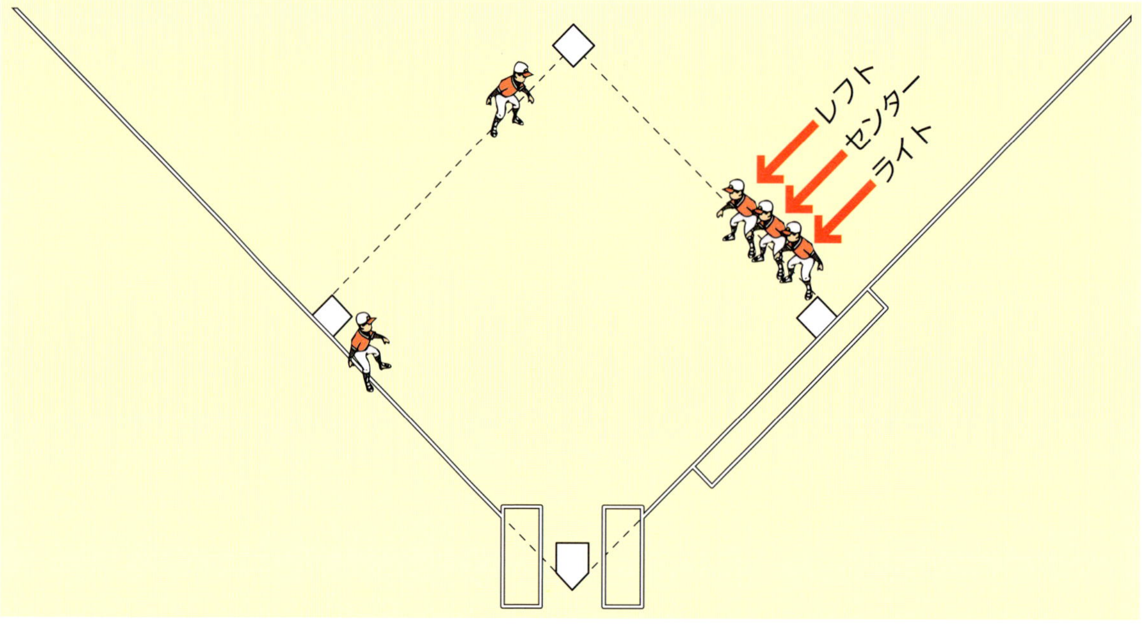

3塁《るい》ランナー

3塁《るい》ランナーはどんな外野《がいや》フライでもタッチアップにそなえてベースについておきます（2アウトの場合《ばあい》だけはリードのままスタートです）。ふつうのフライはもちろん、浅《あさ》いフライでも外野手《がいやしゅ》の捕《と》り方《かた》によっては犠牲《ぎせい》フライでホームインできます。

コーチへのアドバイス

ヘッドスライディングは1塁《るい》ランナーに出《で》たときの帰塁《きるい》でもやれるので、スライディングだけの練習《れんしゅう》は足《あし》からのふつうの形《かたち》を行《おこな》います。

タッチアップでの注意点《ちゅういてん》

タッチアップをするためにベースについたときは、左足《ひだりあし》をベースにくっつけてホームへダッシュできる体勢《たいせい》をとり、顔《かお》だけ振《ふ》りかえって打球《だきゅう》を見《み》ます。外野《がいや》の捕球《ほきゅう》に合《あ》わせて100m走《そう》のスタートのように走《はし》りましょう。

体《からだ》をホーム方向《ほうこう》に向《む》け、すぐにダッシュできる体勢《たいせい》で。ベースを踏《ふ》んでまっすぐに立《た》っていたらスタートが1歩分遅《ぽぶんおそ》くなります。

ベースランニングの練習《れんしゅう》メニュー

1 ファースト走《はし》りぬけからダイヤモンド1周《しゅう》まで

ベースランニングの練習《れんしゅう》はクールダウンをかねて練習《れんしゅう》の最後《さいご》に行《おこな》うと効率的《こうりつてき》です。

1 ホームからファーストへの走《はし》りぬけ

2 ホームからファーストを回《まわ》ってセカンドベースまで

3 ファーストからセカンドを回《まわ》ってサードベースまで

4 サードベースからのタッチアップ

5 ダイヤモンド1周《しゅう》

以上《いじょう》を全員《ぜんいん》で順番《じゅんばん》に行《おこな》います。

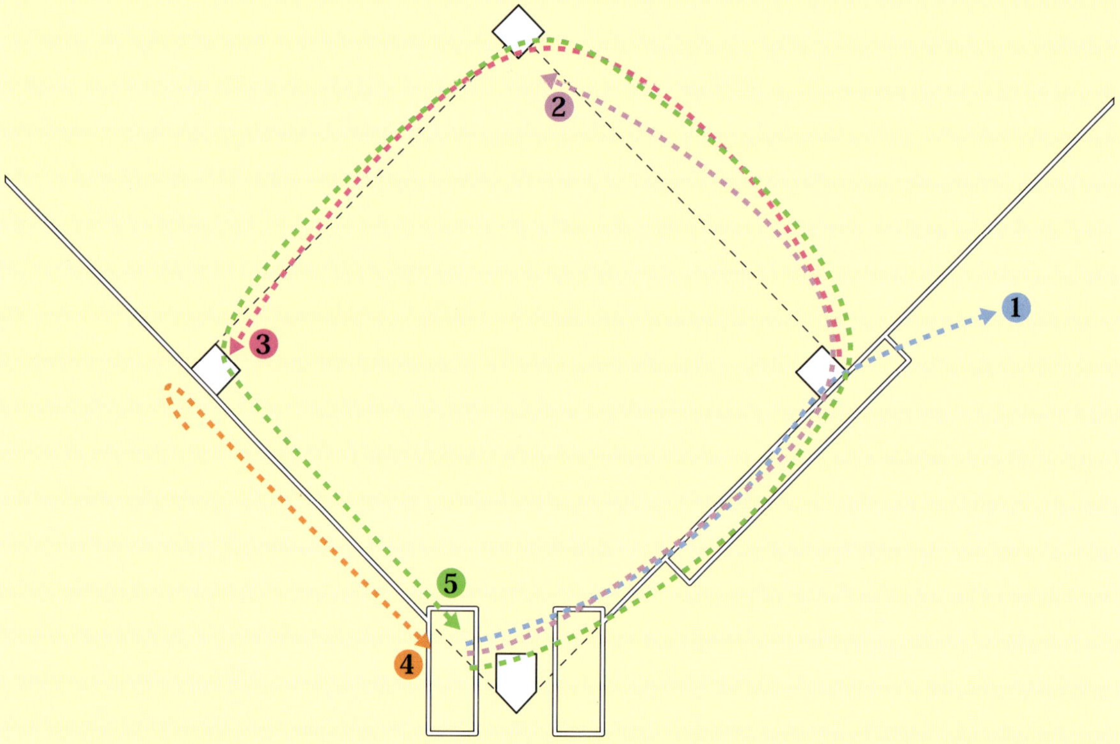

2 スライディング練習《れんしゅう》

スライディングはどちらか一《いっ》方《ぼう》の足《あし》を折《お》り曲《ま》げる基本的《きほんてき》な方法《ほうほう》を練習《れんしゅう》します。慣《な》れれば自然《しぜん》にできることですが、最《さい》初《しょ》は地面《じめん》に座《すわ》った姿勢《しせい》から片《かた》足《あし》を伸《の》ばし、もう一方《いっぽう》の足《あし》をその下《した》に折《お》り込《こ》んだ形《かたち》を覚《おぼ》えることから始《はじ》めます。走《はし》ってきての実際《じっさい》のスライディングも数歩《すうぼ》から始《はじ》めてだんだん距《きょ》離《り》を伸《の》ばしていきます。こわさをとりのぞくために、ベースの前《まえ》に体操用《たいそうよう》のマットを敷《し》くこともあります。

PART 7

試合《しあい》でうまくなろう

攻撃《こうげき》と守備《しゅび》のチームプレー

野球《やきゅう》は団体競技《だんたいきょうぎ》なので、選手《せんしゅ》ひとりひとりがじょうずになるだけではだめで、みんなで助《たす》け合《あ》う攻撃《こうげき》と守備《しゅび》がうまくできないと勝《か》てるチームにはなりません。紅白試合《こうはくじあい》や練習試合《れんしゅうじあい》をするのは試合《しあい》になれるためだけではなく、試合《しあい》を通《とお》してチームプレーのたいせつさを知《し》るためでもあります。「どこへ、どう動《うご》くのが一番《いちばん》いいのか」１球《きゅう》ごとに考《かんが》えてプレーする習慣《しゅうかん》をつけましょう。

できるようになりたい POINT

- 確実《かくじつ》な送《おく》りバント
- 打球《だきゅう》に合《あ》わせた走塁《そうるい》
- しっかりしたカバーとバックアップ
- ピッチャーやキャッチャーの送球《そうきゅう》を生《い》かすタッチプレー
- 内野《ないや》と外野《がいや》の連携《れんけい》プレー

確実《かくじつ》なタッチ

正確《せいかく》な送球《そうきゅう》

チームメイトとの協力《きょうりょく》

考《かんが》えた走塁《そうるい》

攻撃《こうげき》のチームプレー

塁《るい》に出《で》たランナーと打者《だしゃ》が協力《きょうりょく》する攻撃《こうげき》には「送《おく》りバント」「スクイズ」「ヒット&ラン」などがあります。どの攻撃《こうげき》でもランナーと打者《だしゃ》の両方《りょうほう》がしっかりわかっていないと成功《せいこう》しません。サインの見落《みお》としや見間違《みまちが》いには十分注意《じゅうぶんちゅうい》しましょう。

送《おく》りバント 打者《だしゃ》は目《め》でバント。ランナーはバントを確認《かくにん》してから走《はし》る

送《おく》りバントはランナーを得点圏《とくてんけん》へ進《すす》めて攻撃《こうげき》の形《かたち》を作《つく》るためのだいじなプレーですから、打者《だしゃ》は確実《かくじつ》にボールの勢《いきお》いを殺《ころ》して転《ころ》がさなければなりません。ストライクを見《み》きわめて「目《め》でバント」してください。ランナーはあせらずにバットにボールが当《あ》たってゴロになったのを確認《かくにん》してからスタートします。ただし、ピッチャーが投球《とうきゅう》の動作《どうさ》に入《はい》ったら第二《だいに》リードをしっかりとりましょう。

バッターはストライクだけをねらいます。ひざをやわらかく使《つか》いボールの高《たか》さに上体《じょうたい》を合《あ》わせてバント。バットだけを動《うご》かすとミスします。

第二《だいに》リードって何《なん》だ？

第二《だいに》リードというのは、ピッチャーが完全《かんぜん》に投球《とうきゅう》動作《どうさ》に入《はい》って「もうけん制球《せいきゅう》はない」と判断《はんだん》できたときにリードの距離《きょり》を2〜3歩《ぽ》伸《の》ばすことです。第二《だいに》リードをとればその分《ぶん》だけ走《はし》ったときにセーフになりやすくなります。もちろん、打者《だしゃ》がボールを見送《みおく》ったときは帰塁《きるい》するわけですから、キャッチャーからの送球《そうきゅう》にそなえてすばやく戻《もど》れるようにしておかないといけません。

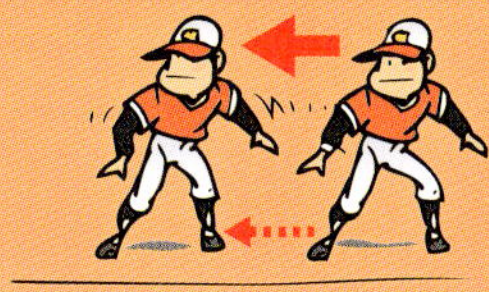

スクイズ

ランナーは大《おお》きなリードでスタート。打者《だしゃ》はとにかく当《あ》てる

スクイズのバントはランナーが突《つ》っ込《こ》んできているので、打者《だしゃ》はなにが何《なん》でもボールにバットを当《あ》てないといけません。はずされても（ピッチドアウトといいます）バットが届《とど》く範囲《はんい》なら伸《の》ばして当《あ》てる努力《どりょく》をしてください。スクイズを見《み》ぬかれてはずされないためには、ピッチャーが投球動作《とうきゅうどうさ》を始《はじ》めてからバントのかまえに入《はい》ることも忘《わす》れないように。
3塁《るい》ランナーはリードをできるだけ大《おお》きくとり、ピッチャーがテイクバックしたらスタートを切《き》ってホームに突《つ》っ込《こ》みます。

3塁《るい》ランナーはピッチャーがセットポジションから左足《ひだりあし》（右投手《みぎとうしゅ》）を大《おお》きく上《あ》げたらリードをとり、腕《うで》が後《うし》ろへ動《うご》き始《はじ》めたらスタートします。

ヒット&ラン

打者《だしゃ》はたたきつける。ランナーはスティール並《な》みのタイミングでスタート

ヒット&ランが成功《せいこう》すればランナー1・3塁《るい》のチャンスが生《う》まれますし、もし長打《ちょうだ》ならば1塁《るい》ランナーは一気《いっき》にホームインできます。

ランナーがスタートするタイミングは盗塁《とうるい》より少《すこ》し遅《おそ》いだけ。盗塁《とうるい》と同《おな》じタイミングでスタートすれば（ラン&ヒットといいます）それだけ早《はや》く進《すす》めますが、走《はし》れないときの1塁《るい》への帰塁《きるい》が遅《おく》れるという危険《きけん》が大《おお》きくなります。

打者《だしゃ》がヒットを打《う》ったら1塁《るい》ランナーは3塁《るい》、うまくいけばホームまで行《ゆ》くという攻《こう》撃《げき》がヒット&ランで、ランナーは盗塁《とうるい》するときより少《すこ》し遅《おそ》いだけのタイミングでスタートします。打者《だしゃ》はヒットを打《う》つのですが必《かなら》ずヒットになるとは限《かぎ》らないので、ゴロになるようたたきつけるバッティングに徹《てっ》します。打球《だきゅう》がゴロになればたとえ自分《じぶん》がアウトになっても、ランナーは2塁《るい》に進《すす》める（絶対《ぜったい》ではありませんが）からです。最悪《さいあく》は空振《からぶ》りすることです。

フライを打《う》つとゲッツーになる危険《きけん》があるので、たたきつけるバッティングをします。ゴロを転《ころ》がすコースは1・2塁間《るいかん》（ゲッツーを防《ふせ》ぐ）がいいとされていますが、無理《むり》にねらわずにピッチャー返《かえ》しを意識《いしき》して打《う》てば十分《じゅうぶん》です。

フライになったら

コーチからのアドバイス

打球《だきゅう》がフライになったときランナーはスタートの勢《いきお》いをハーフウェイで止《と》め、捕《ほ》球《きゅう》されるかどうかを見《み》きわめます。捕球《ほきゅう》されたらゲッツーにならないようすぐに1塁《るい》へ戻《もど》るのですが、もし外野《がいや》が捕《と》れなかったら3塁《るい》からホームへのチャンスが大《おお》きくふくらむからです。
2塁《るい》から3塁《るい》へ、3塁《るい》からホームへの判断《はんだん》は3塁《るい》のコーチにまかせ、コーチだけを見《み》ながら走《はし》りましょう。

守備《しゅび》のチームプレー【カバーとバックアップ】

空《あ》いたベースの守備《しゅび》に入《はい》るのがカバー、送球《そうきゅう》や捕球《ほきゅう》のミスにそなえるのがバックアップ。守備《しゅび》で行《おこな》うチームプレーの基本《きほん》です。

[野球《やきゅう》では守備位置《しゅびいち》を以下《いか》のように数字《すうじ》で表《あらわ》します]
1＝ピッチャー　2＝キャッチャー
3＝ファースト　4＝セカンド
5＝サード　6＝ショート　7＝レフト
8＝センター　9＝ライト

サードゴロ

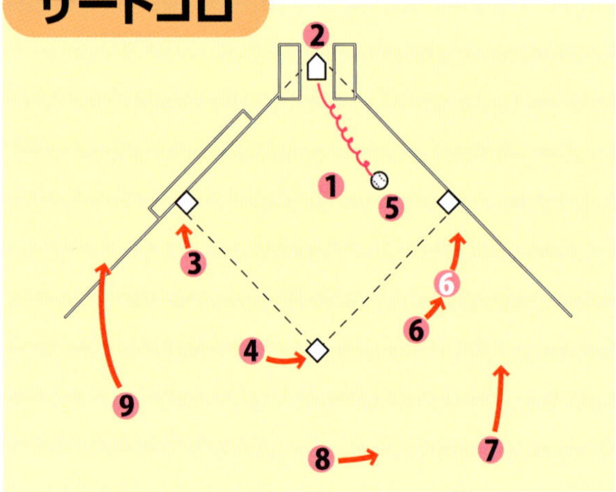

ショートはサードのバックアップをしてから3塁《るい》ベースのカバーに、レフトもバックアップ、セカンドは2塁《るい》ベースに入《はい》り、ライトはファーストのバックアップをします。

ショートゴロ

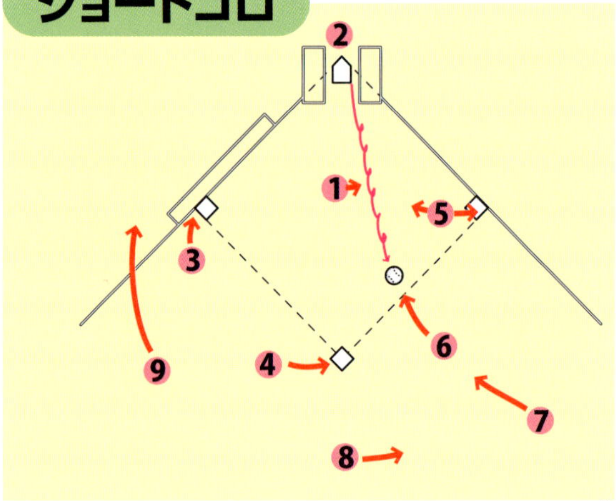

レフトはショートをバックアップ、センターはレフトよりに移動《いどう》、ライトはファーストのバックアップをします。セカンドは2塁《るい》ベース、サードは定位置《ていいち》でもいいのですが、ランナーがいる場合《ばあい》はかならず3塁《るい》ベースに入《はい》ります。

セカンドゴロ

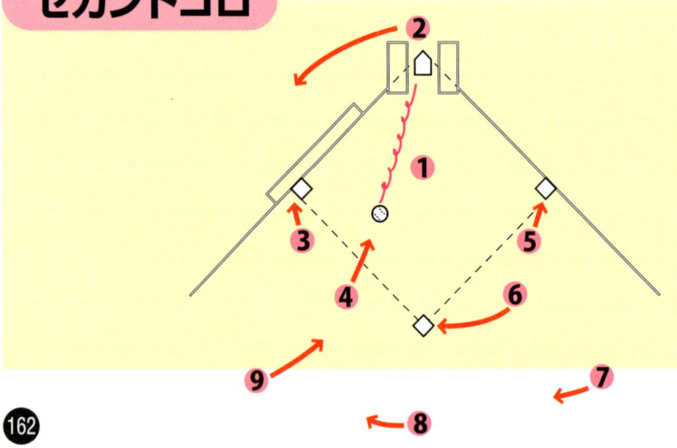

ライトがセカンドのバックアップ、レフトがライトをカバー、ショートは2塁《るい》ベースのカバーに入《はい》ります。ファーストのバックアップにはキャッチャーが入《はい》ります。

打球《だきゅう》が飛《と》ぶたびに全員《ぜんいん》が動《うご》く

打球《だきゅう》をしっかり捕《と》って確実《かくじつ》にアウトにするのがベストの守備《しゅび》ですが、捕《と》れないかもしれないし、捕《と》っても送球《そうきゅう》がそれるかもしれません。送球《そうきゅう》がそれたためにランナーが進《すす》むこともあります。そういうことを考《かんが》えてミスを大《おお》きくしないように動《うご》くのがカバーとバックアップです。ここではランナーがいないとき（バントだけはランナー１塁《るい》）の基本的《きほんてき》な動《うご》きを紹介《しょうかい》します。

ファーストゴロ

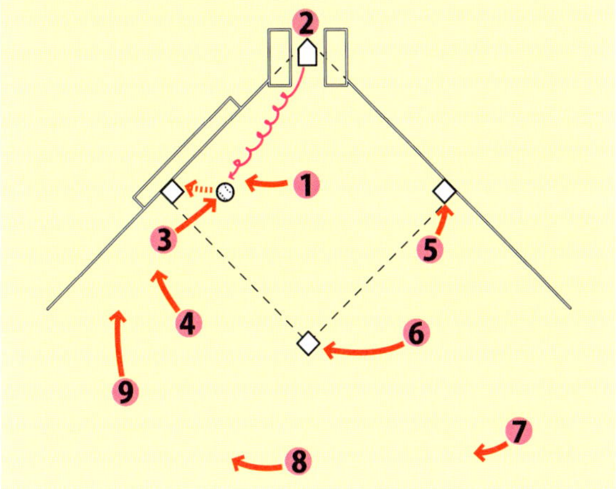

ファーストがそのまま１塁《るい》へ入《はい》る場合《ばあい》とセカンドが１塁《るい》ベースに入《はい》る場合《ばあい》があるので、しっかり声《こえ》で確認《かくにん》します。どちらの場《ば》合《あい》でもライトはバックアップに入《はい》り、センターとレフトもライトよりに移動《いどう》、ショートは２塁《るい》ベースカバーに入《はい》ります。

３塁線《るいせん》のバント

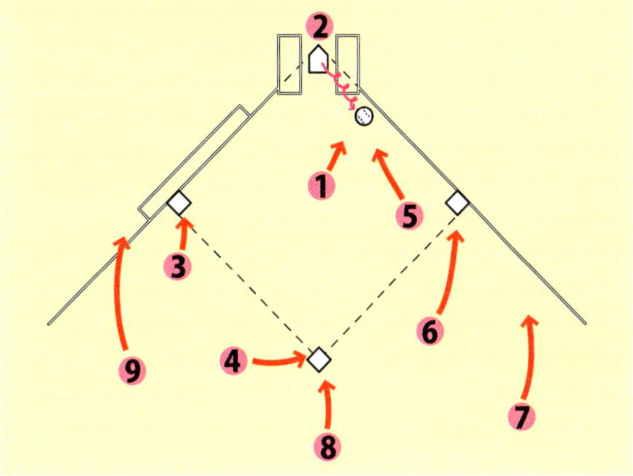

３塁線《るいせん》へのバントではサード、ピッチャー、キャッチャーがボールに向《む》かいます。３塁《るい》ベースはショートがカバー、ライトはファーストのバックアップ、２塁《るい》への送球《そうきゅう》もあるのでセンターがセカンドをバックアップします。

１塁線《るいせん》のバント

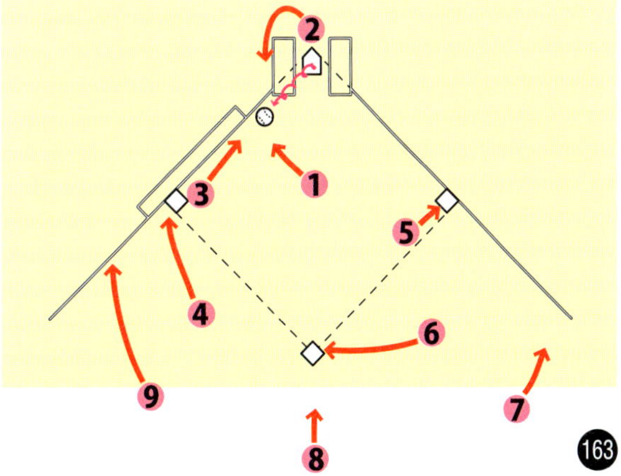

１塁線《るいせん》へのバント。セカンドが１塁《るい》ベースカバーに入《はい》り、ライトはそのバックアップ、ショートが２塁《るい》ベースをカバーし、センターがそのバックアップをします。

コーチへのアドバイス

カバーとバックアップは指《し》示通《じどお》りに動《うご》くだけでは意味《いみ》がありません。「なぜ動《うご》くのか」という理由《りゆう》を細《こま》かく説明《せつめい》してあげましょう。

レフト前《まえ》

センターがレフトのバックアップに入《はい》り、ライトもややセンターへ移動《いどう》、ショートは少《すこ》しレフト方向《ほうこう》に移動《いどう》して中《ちゅう》継《けい》にそなえると同時《どうじ》にレフトへ送球《そうきゅう》の指示《しじ》を出《だ》します。セカンドとサードはそれぞれのベースへ、ファーストは打《だ》者走者《しゃそうしゃ》がベースの踏《ふ》み忘《わす》れをしないかの確認《かくにん》を忘《わす》れないように。

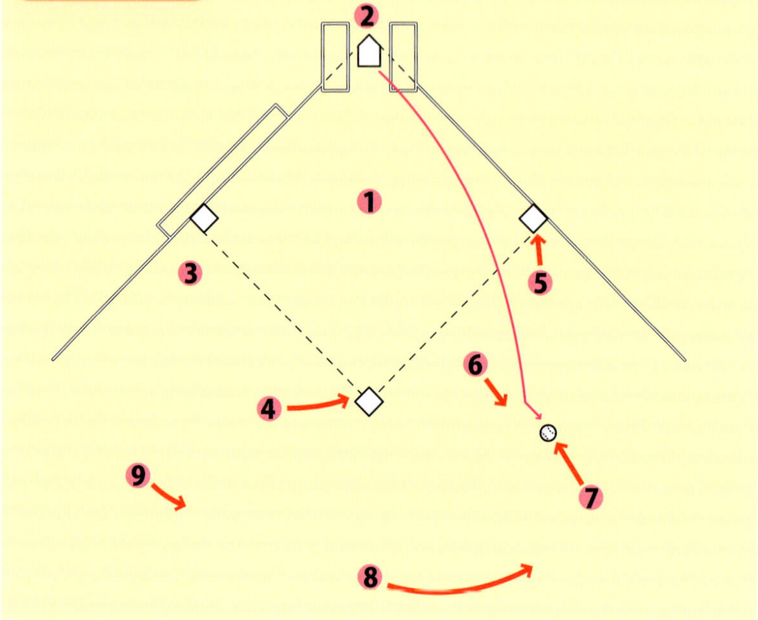

センター前《まえ》

センター前《まえ》の場合《ばあい》はレフト、ライトの近《ちか》いほうがバックアップに入《はい》り、同《おな》じようにセカンドとショートも近《ちか》いほうが中継《ちゅうけい》に、一方《いっぽう》が2塁《るい》ベースカバーに入《はい》ります。センターゴロということもあるのでファーストは1塁《るい》へ、キャッチャーがそのバックアップをします。

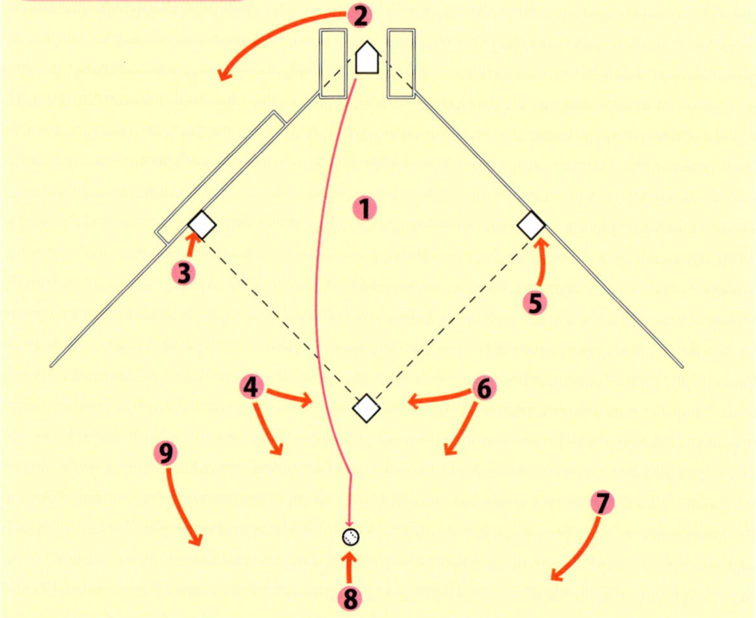

ライト前《まえ》

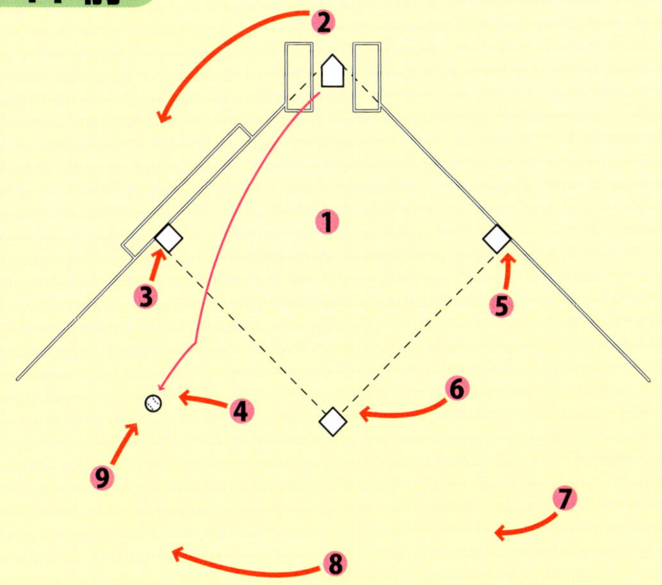

浅《あさ》めのライトゴロというケース。センターがライトをバックアップし、セカンドはファーストへの送球《そうきゅう》を声《こえ》で指示《しじ》、ショートが2塁《るい》ベースカバーに入《はい》り、キャッチャーがファーストをバックアップします。

コーチへのアドバイス
中継《ちゅうけい》プレーで一番《いちばん》まずいのは、内《ない》野《や》が中継《ちゅうけい》コースの直線《ちょくせん》上《じょう》にきちんと入《はい》らないこと。徹底《てってい》させましょう。

完全《かんぜん》にセーフの場合《ばあい》は無理《りり》をせずに中継《ちゅうけい》に返《かえ》す

レフト前《まえ》、センター前《まえ》といった外野《がいや》へのヒットの場合《ばあい》、早《はや》い送球《そうきゅう》がひつようなときとそうでないときがあります。すでにランナーが塁上《るいじょう》にいるときやライトゴロとかセンターゴロのように1塁《るい》でアウトにできそうなときは早《はや》く送球《そうきゅう》しなければなりませんが、ランナーがいなくて打者走者《だしゃそうしゃ》は完全《かんぜん》にセーフというのなら、あわてずに中継《ちゅうけい》のセカンドやショートに確実《かくじつ》に返《かえ》したほうがいいのです。無理《むり》に遠《とお》くへ送球《そうきゅう》してミスになったらなんにもなりません。

守備《しゅび》のチームプレー【ダブルプレー】

1回《かい》のプレーで打者《だしゃ》とランナーの2人《ふたり》をアウトにするダブルプレーには、いろいろな組《く》み合《あ》わせがありますが、ここでは一番《いちばん》よくある1塁《るい》ランナーを2塁《るい》でアウトにしたあと打者走者《だしゃそうしゃ》を1塁《るい》でアウトにするダブルプレーの注意点《ちゅういてん》を紹介《しょうかい》します。

6-4-3

セカンドは外野側《がいやがわ》からベースに入《はい》り、体《からだ》の方向《ほうこう》を変《か》えてファーストへ送球《そうきゅう》します。右投《みぎな》げの場合《ばあい》はボールを受《う》けたら左足《ひだりあし》で2塁《るい》ベースを踏《ふ》み、右足《みぎあし》を一歩前《いっぽまえ》に踏《ふ》み出《だ》して投《な》げます。

4-6-3

ショートは3塁側《るいがわ》からベースに入りライト側《がわ》へ抜《ぬ》けてファーストへ送球《そうきゅう》します。ポイントは2塁《るい》ベースの前《まえ》（3塁側《るいがわ》）でボールを受《う》けること。ボールを受《う》けてから右足《みぎあし》で2塁《るい》ベースを踏《ふ》み、その後《ご》左足《ひだりあし》、右足《みぎあし》、左足《ひだりあし》の順《じゅん》に踏《ふ》み出《だ》して送球《そうきゅう》すればリズミカルな動《うご》き（左《ひだり》、右《みぎ》、左《ひだり》で1・2・3のリズム）になります。

セカンドはベースを踏《ふ》んで1歩前《ぽまえ》へ、ショートはベースの手前《てまえ》でボールを受《う》ける

2塁《るい》から1塁《るい》へボールを送《おく》るダブルプレーには、セカンドがゴロを捕球《ほきゅう》したショートかサードからの送球《そうきゅう》を受《う》ける場合《ばあい》（6－4－3または5－4－3）と、ショートがセカンドからの送球《そうきゅう》を受《う》ける場合《ばあい》（4－6－3）があります。よくおこるミスは6－4－3のときのセカンドからファーストへの送球《そうきゅう》がそれることで、走《はし》ってくるランナーを気《き》にしすぎることが最大《さいだい》の原因《げんいん》です。ランナーにタッチする必要《ひつよう》はないのですから、ベースを踏《ふ》んだら1歩前《ぽまえ》に出《で》てファーストだけを見《み》て送球《そうきゅう》しましょう。

コーチへのアドバイス

ダブルプレーでむずかしいのは、ファーストから2塁《るい》や3塁《るい》にランナーを追《お》って投《な》げる変形《へんけい》パターンです。

守備《しゅび》のチームプレー【タッチ】

けん制《せい》や盗塁《とうるい》でのタッチプレーではピッチャーやキャッチャーからの送球《そうきゅう》を受《う》ける内野手《ないやしゅ》の体《からだ》の使《つか》い方《かた》が大《おお》きなポイントになります。足《あし》の位置《いち》やグラブの下《お》ろし方《かた》がまずいと、いい送球《そうきゅう》がきてもアウトにできません。

ファースト 低《ひく》く捕《と》って一直線《いっちょくせん》にベースへ下《お》ろす

ランナーがいるときはミット側《がわ》の足《あし》を前《まえ》に出《だ》してミットをピッチャーに向《む》け、逆側《ぎゃくがわ》の足《あし》をベースの角《すみ》につけていつでもけん制《せい》を受《う》けられる準備《じゅんび》をしておきます。ランナーのリードが大《おお》きくてアウトにできそうな場合《ばあい》は、けん制球《せいきゅう》を受《う》けたらまっすぐにミットをおろしてベースにくっつけ、スライディングしてくるランナーの手《て》にタッチします。ランナーより最短距離《さいたんきょり》でミットをベースにおろすことに集中《しゅうちゅう》しましょう。

ミット側《がわ》の足《あし》を前《まえ》に出《だ》し、ピッチャーへミットを差《さ》し出《だ》します。ピッチャーが低《ひく》く投《な》げやすいように低《ひく》くかまえます。

ピッチャーのけん制《せい》が低《ひく》くきたらタッチアウトのチャンスです。ランナーを見《み》ずにボールのキャッチに集中《しゅうちゅう》します。

受《う》けたら一直線《いっちょくせん》にミットをベースに下《お》ろし、ミットの背側《せがわ》をランナーに向《む》けてタッチします。

セカンド

タッチ後《ご》のアピールもたいせつだ

セカンドではスティールしてくる1塁《るい》ランナーにキャッチャーからの送球《そうきゅう》でタッチする場合《ばあい》と、2塁《るい》ランナーにピッチャーからのけん制《せい》でタッチする場合《ばあい》があります。どちらの場合《ばあい》も2塁《るい》ベースをまたぐ体勢《たいせい》でボールを受《う》けてタッチしますが、体《からだ》の向《む》け方《かた》が正反対《せいはんたい》で足《あし》をつく位置《いち》も少《すこ》し違《ちが》います。

けん制《せい》のタッチ

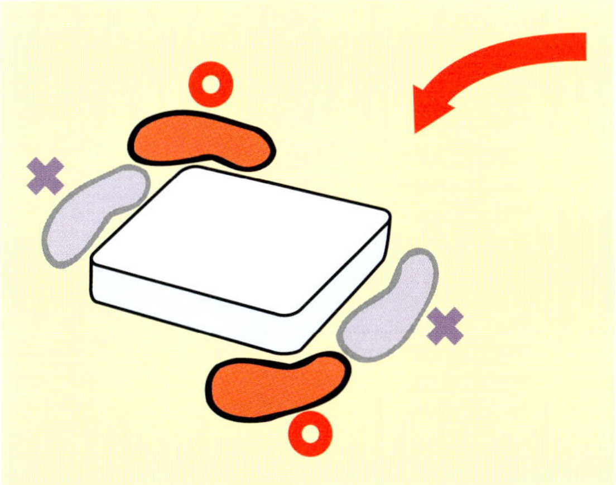

2塁《るい》ランナーにピッチャーのけん制《せい》でタッチするときは、ベースを図《ず》のようにまたいで足《あし》にタッチします。

スティールのタッチ

他《ほか》にもランナーがいるときはタッチしたあとすぐにグラブを上《あ》げてアピールすることも大切《たいせつ》です。グラブを下《さ》げたまま判《はん》定《てい》を待《ま》っていると他《ほか》のランナーに走《はし》られることがあります。

ショート ベースをまたいでキャッチし、ランナーの足《あし》へ

ショートのタッチは基本的《きほんてき》にはセカンドの場合《ばあい》と同《おな》じです。盗塁《とうるい》してくるランナーへのタッチはベースをしっかりまたいでボールを受《う》け、グラブの背《せ》でスライディングしてくるランナーの足《あし》にタッチします。けん制《せい》でのタッチでは、後《うし》ろからベースに回《まわ》り込《こ》んでベースのピッチャー側《がわ》でボールを受《う》けるのがポイントになります。

スティールのタッチ。2塁《るい》ベースの後方《こうほう》から入《はい》ります。

ベースをまたぐ位置《いち》でキャッチャーからのボールを受《う》けます。

しっかりベースを踏《ふ》んでランナーを待《ま》ちます。

ランナーの足《あし》へタッチ。後《うし》ろの選手《せんしゅ》はバックアップしているセカンドです。

サード 両手《りょうて》でランナーの足《あし》をおさえるように

ピッチャーからのけん制《せい》でタッチするときはファーストでのタッチと同《おな》じで、ボールを受《う》けたらベースへまっすぐにグラブを下《お》ろすことに集中《しゅうちゅう》します。2塁《るい》から走《はし》ってくるランナーに対《たい》してはベースを足《あし》ではさんで立《た》ち、両手《りょうて》でランナーの足《あし》をおさえるようにタッチします。スティールのランナーなら片手《かたて》でもいいのですが、1塁《るい》から一気《いっき》に走《はし》ってくるときはランナーに勢《いきお》いがついているので片手《かたて》タッチだとはじき飛《と》ばされることがあるのです。

コーチへのアドバイス

ベースを固《こ》定《てい》しない少《しょう》年野球《ねんやきゅう》ではベースに入《はい》るときに蹴《け》って動《うご》かしてしまうことがあるので注意《ちゅうい》が必《ひつ》要《よう》です。

けん制《せい》のタッチ

グラブ側《がわ》の足《あし》を前《まえ》に出《だ》し、ピッチャーに向《む》けて低《ひく》くかまえます。

ボールを受《う》けたらまっすぐにベースへおろします。

スティールのタッチ

ベースをまたいで姿勢《しせい》を低《ひく》くし、はじきとばされないよう両手《りょうて》でタッチします。

守備《しゅび》のチームプレー【内野《ないや》と外野《がいや》の連携《れんけい》】

連携《れんけい》というのは協力《きょうりょく》しあうということです。外野《がいや》に長打《ちょうだ》が飛《と》んだときのバックホームやバックサードで行《おこな》う中継《ちゅうけい》プレーが、内《ない》野《や》と外野《がいや》の連携《れんけい》です。

自分《じぶん》の役目《やくめ》をよく考《かんが》えておく

中継《ちゅうけい》プレーをしっかり成功《せいこう》させるためには、選手《せんしゅ》それぞれが自分《じぶん》の役目《やくめ》をよく知《し》っていることがなによりもたいせつです。とくに内野手《ないやしゅ》の動《うご》きがポイントですから、外野《がいや》へ大《おお》きなあたりが飛《と》んだときの動《うご》き方《かた》はいつも考《かん》えておくクセをつけましょう。

1 レフトから

レフトからのバックホーム。センターがレフトをバックアップし、ショートが中継《ちゅうけい》（打《だ》球《きゅう》がラインよりならサードが中継《ちゅうけい》で、ショートは3塁《るい》カバー）に入《はい》ります。レフトがショートを目印《めじるし》に直接《ちょくせつ》バックホームするか、ショートが中継《ちゅうけい》でバックホームするか、カット（ホームへ投《な》げない）するかは状況《じょうきょう》によって違《ちが》いますが、ピッチャーはかならずキャッチャーのバックアップに入《はい》ります。

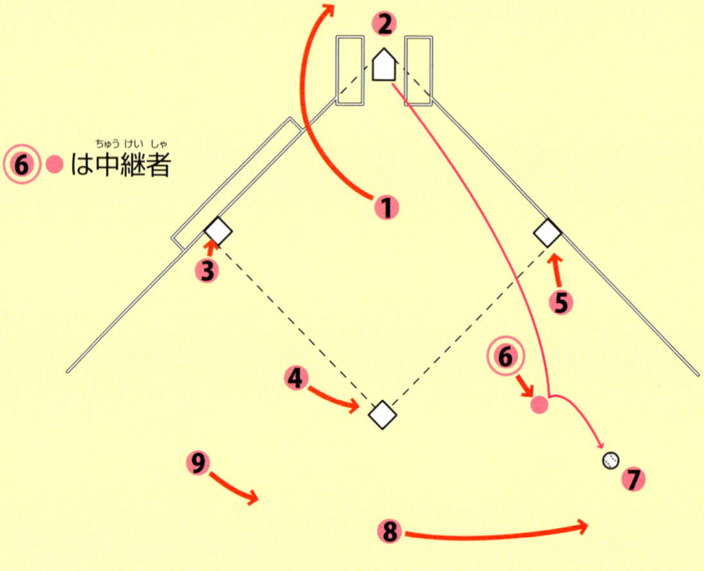

❷ センターから

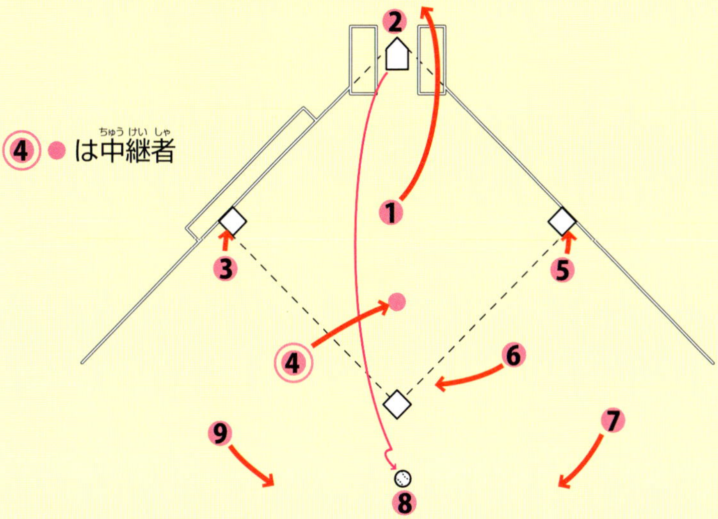

センターからのバックホームでは、ショートかセカンドのどちらかが中継《ちゅうけい》に入《はい》り、一方《いっぽう》が2塁《るい》ベースカバーに入《はい》ります。中継《ちゅうけい》の位置《いち》は2塁《るい》ベースとピッチャープレートとの中間《ちゅうかん》ぐらい。ピッチャーはキャッチャーのバックアップに入《はい》ります。

ランダウンプレー

ベースとベースの間《あいだ》にランナーをはさんで追《お》い詰《つ》めていくのがランダウンプレー（挟《きょう》殺《さつ》といいます）で、内野《ないや》どうしで行《おこな》う守備《しゅび》のチームプレーのひとつです。ランダウンプレーのポイントは「ランナーと一直線《いっちょくせん》にならないこと」と「かならず手前《てまえ》の塁《るい》に追《お》い詰《つ》めること」の2点《てん》。ランナーと一直線《いっちょくせん》になると送球《そうきゅう》が味方《みかた》に見《み》づらくなりミスをまねきます。

1・2塁間《るいかん》なら1塁《るい》、2・3塁間《るいかん》なら2塁《るい》、3本間《ほんかん》なら3塁《るい》へ追《お》い込《こ》んでいくのが、ランダウンプレーの基本《きほん》です。

3 ライトから

ライトからのバックホームでは、図《ず》のようにセカンドが中継《ちゅうけい》に入《はい》るかライト線《せん》よりならファーストが中継《ちゅうけい》に入《はい》ります。位置《いち》はダイヤモンドの中《なか》、セカンドが中継《ちゅうけい》したときはショートが2塁《るい》カバー、ファースト中継《ちゅうけい》ならセカンドはライトとファーストの間《あいだ》で指示出《しじだ》し、ピッチャーはキャッチャーをバックアップします。

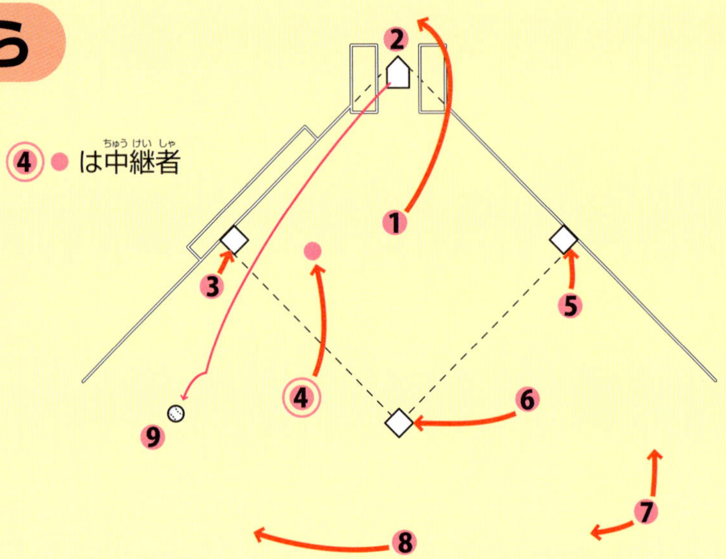

4 レフト側《がわ》の深《ふか》くから

レフトの深《ふか》くまで打球《だきゅう》がいったときは、距離《きょり》が長《なが》いのでサードとショートの2人《ふたり》が中継《ちゅうけい》に入《はい》り、3人《にん》でのバックホーム体勢《たいせい》を作《つく》ります。レフト、ショート、サード、キャッチャーとボールをつなぐわけです。

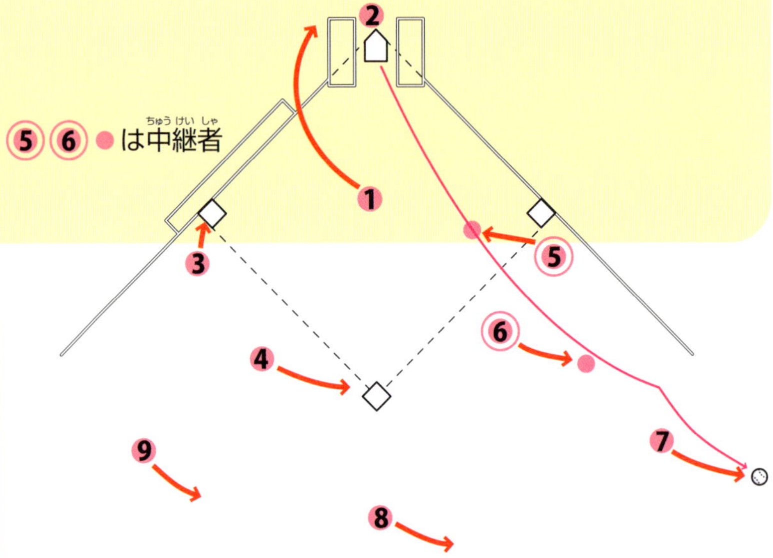

コーチへのアドバイス

外野《がいや》からのボールがそれたら中継《ちゅうけい》の内野《ないや》はすぐに動《うご》いて体勢《たいせい》を合《あ》わせるよう教《おし》えます。動《うご》かないと半身《はんみ》の体勢《たいせい》が逆《ぎゃく》になって送球《そうきゅう》が遅《おく》れることがあります。

5 ライト側《がわ》の深《ふか》くから

ライトの深《ふか》くまで飛《と》んだ場合《ばあい》は、セカンドとファーストが中継《ちゅうけい》に入《はい》って図《ず》のようなバックホーム体《たい》勢《せい》にします。ライトへの深《ふか》い打球《だきゅう》では3塁《るい》打《だ》を防《ふせ》ぐバックサードもあります。この場合《ばあい》はセカンドとショートが中継《ちゅうけい》に入《はい》り、ピッチャーはキャッチャーではなくサードのバックアップに入《はい》ります。

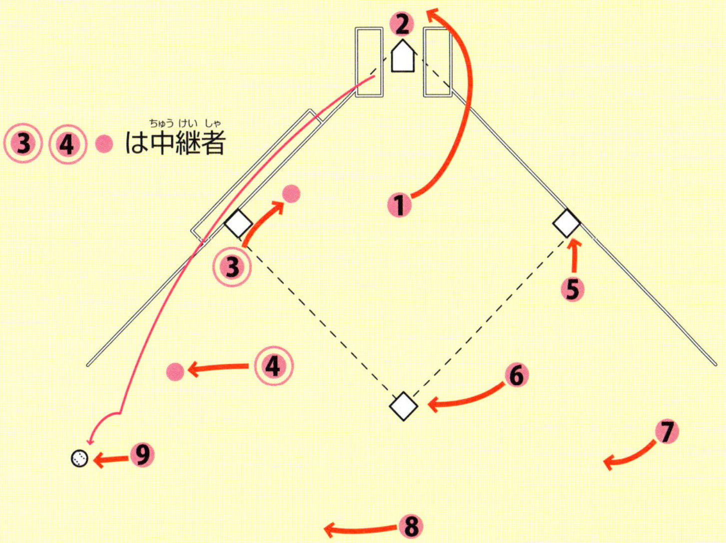

ボールと一直線《いっちょくせん》。半身《はんみ》でかまえる。

コーチからのアドバイス

中継《ちゅうけい》に入《はい》る内野手《ないやしゅ》はボールとホーム（送球《そうきゅう》する塁《るい》）を結《むす》ぶ直《ちょく》線上《せんじょう》でグラブ側《がわ》の手《て》をホーム側《がわ》にした半身《はんみ》の姿勢《しせい》をとります。こうすれば外野《がいや》からのボールを受《う》けてそのまま送球《そうきゅう》しやすくなります。また、内野《ないや》2人《ふたり》が中継《ちゅうけい》に入《はい》るときは、図《ず》のように真《ま》ん中《なか》になる内野《ないや》とホームとのちょうど中間《ちゅうかん》に2人目《ふたりめ》の内野《ないや》が立《た》ち、外野《がいや》を入《い》れた3人《にん》の間隔《かんかく》は6対《たい》4ぐらいで外野側《がいやがわ》をやや長《なが》くします。

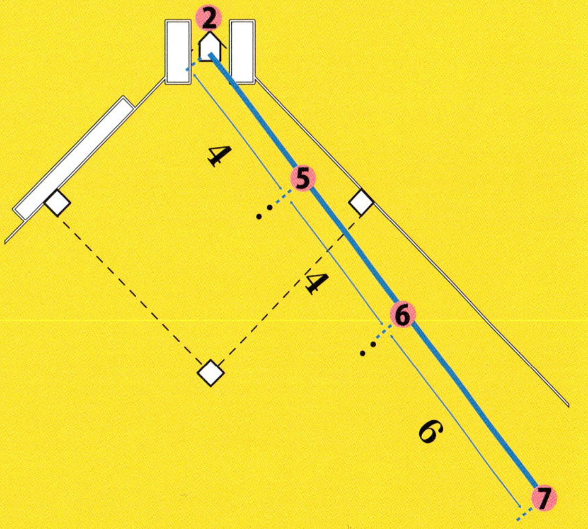

PART 8

ケガをしないためにやっておきたいことと知《し》っておきたいこと

ボールが当《あ》たったり、転《ころ》んですり傷《きず》をつくったり、足《あし》をひねったり…練習《れんしゅう》や試合中《しあいちゅう》のケガをゼロにすることはできません。体《からだ》を動《うご》かしてスポーツをするのですから当然《とうぜん》です。しかし、きちんと準備《じゅんび》をしておけばケガをうんと少《すく》なくすることはできますし、もしケガをしても応急手当《おうきゅうてあて》のやり方《かた》を知《し》っていれば、ひどい痛《いた》みや腫《は》れを防《ふせ》ぐこともできます。ここではそういう方法《ほうほう》や知識《ちしき》を紹介《しょうかい》します。

ストレッチ

筋肉《きんにく》を伸《の》ばしてやわらかくするのがストレッチです。ストレッチの効果《こうか》を上《あ》げるポイントは「ゆっくり伸《の》ばすこと」「痛《いた》くなる直前《ちょくぜん》で止《や》めること」「伸《の》ばしたまま10～15秒静《びょうせい》止《し》すること」の3つ。反動《はんどう》をつけるとあまり効果《こうか》はありません。

STRETCH 01

屈伸《くっしん》

屈伸《くっしん》。ひざの裏側《うらがわ》から足首《あしくび》までのストレッチとひざ関節《かんせつ》の運《うん》動《どう》です。しゃがんでからゆっくりと伸《の》ばします。

STRETCH 02

足《あし》の裏側全体《うらがわぜんたい》

足《あし》の裏側全体《うらがわぜんたい》のストレッチ。一方《いっぽう》の足《あし》を伸《の》ばして手《て》で太《ふと》ももの上《うえ》から押《お》します。左右交互《さゆうこうご》に。

STRETCH 03

足《あし》の裏側全体《うらがわぜんたい》

2と同《おな》じストレッチを足《あし》を大《おお》きく開《ひら》いて行《おこな》います。これも左右交互《さゆうこうご》に。

STRETCH 04

アキレス腱《けん》

足首《あしくび》の裏側《うらがわ》にあるアキレス腱《けん》のストレッチ。足《あし》を前後《ぜんご》に開《ひら》いて前足《まえあし》のひざを曲《ま》げ、後《うし》ろの足《あし》はかかとをつけて伸《の》ばします。左右交互《さゆうこうご》に。

STRETCH 05

STRETCH 05

肩《かた》の関節《かんせつ》

これは肩《かた》の関節《かんせつ》の運《うん》動《どう》です。両手《りょうて》をいっぱいに伸《の》ばし、できるだけ大《おお》きくゆっくりと肩《かた》を回《まわ》します。

STRETCH 07

腕《うで》の裏側《うらがわ》の筋肉《きんにく》

腕《うで》の裏側《うらがわ》の筋肉《きんにく》のストレッチ。頭《あたま》の後《うし》ろにたらした腕《うで》のひじをもう一方《いっぽう》の手《て》で持《も》って横《よこ》に引《ひ》きます。左右交互《さゆうこうご》に。

STRETCH 07

STRETCH 06

STRETCH 06

肩《かた》と腕《うで》の筋肉《きんにく》

肩《かた》と腕《うで》の筋肉《きんにく》のストレッチです。一方《いっぽう》の腕《うで》を横《よこ》に伸《の》ばし、もう一方《いっぽう》の手《て》で胸《むね》へ押《お》し付《つ》けるようにします。左右交互《さゆうこうご》に。

STRETCH 08

手首《てくび》と足首《あしくび》

手首《てくび》と足首《あしくび》の運動《うんどう》。手首《てくび》は同時《どうじ》に、足首《あしくび》は交互《こうご》にくねくね回《まわ》します。

STRETCH 08

STRETCH 09

STRETCH 09

肩《かた》と背中《せなか》

肩《かた》と背中《せなか》のストレッチ。お互《たが》いにささえあいながら、ゆっくりと腰《こし》を曲《ま》げて肩《かた》の間《あいだ》に首《くび》を入《い》れます。

STRETCH 10

STRETCH 10

肩《かた》とわき腹《ばら》

肩《かた》とわき腹《ばら》のストレッチです。手《て》を握《にぎ》りあってゆっくりと引《ひ》き合《あ》います。手《て》の上下《じょうげ》を逆《ぎゃく》にして反対《はんたい》側《がわ》のわき腹《ばら》も伸《の》ばします。

STRETCH 11

STRETCH 11

肩《かた》と胸《むね》、腹《はら》

肩《かた》と胸《むね》、腹《はら》のストレッチ。両手《りょうて》を持《も》って相手《あいて》を背中《せなか》にのせ、ゆっくりと体《からだ》を前《まえ》に倒《たお》します。交代《こう たい》に。

STRETCH 12

STRETCH 12

太《ふと》ももの裏側《うらがわ》

太《ふと》ももの裏側《うらがわ》のストレッチ。開脚《かいきゃく》して座《すわ》った相手《あいて》の背中側《せなかがわ》から体重《たいじゅう》をかけて、痛《いた》くない範囲《はんい》で上体《じょうたい》を前《まえ》に押《お》します。左右交互《さゆうこうご》、交代《こうたい》で。

ウォームアップメニュー

ストレッチとランニング以外《いがい》に練習《れんしゅう》の最初《さいしょ》に行《おこな》うウォームアップの運動《うんどう》で、肩《かた》を高《たか》く上《あ》げるとか腰《こし》を回転《かいてん》させるといった野球《やきゅう》の基本動作《きほんどうさ》が中心《ちゅうしん》になっています。

WORM UP 01

WORM UP 01

両足《りょうあし》をクロスに出《だ》しながらの横移動《よこいどう》

両足《りょうあし》をクロスに出《だ》しながらの横移動《よこいどう》。右足《みぎあし》を前《まえ》に出《だ》したときに上体《じょうたい》を右《みぎ》に、左足《ひだりあし》を前《まえ》に出《だ》したときに上体《じょうたい》を左《ひだり》にひねる動作《どうさ》を続《つづ》けながら塁間《るいかん》を１往復《おうふく》します。

WORM UP 02

大《おお》きくサイドステップ

大きくサイドステップを続《つづ》けながら、１歩《ぽ》ごとに腰《こし》を深《ふか》く落《お》としてゴロを捕《と》るような手《て》の動《うご》きを加《くわ》えます。塁間《るいかん》１往復《おうふく》。

WORM UP 02

WORM UP 03

腕《うで》の上《あ》げ下《お》ろしをしながらサイドステップ

大《おお》きく腕《うで》の上《あ》げ下《お》ろしをしながらサイドステップで塁間《るいかん》1往復《おうふく》。肩《かた》のウォームアップにもとても有効《ゆうこう》です。

WORM UP 04

もも上《あ》げ

もも上《あ》げ。できるだけ高《たか》くももをあげながら塁間《るいかん》を1往《おう》復《ふく》します。

WORM UP 05

後《うし》ろ向《む》きからのスタートダッシュ

後《うし》ろ向《む》きからのスタートダッシュ。これはラントレーニングにも加《くわ》えられます。

ランントレーニング

ダッシュなどをふくめたラントレーニングは、瞬発力《しゅんぱつりょく》と持久力《じきゅうりょく》を強化《きょうか》する基本《きほん》メニューなので積極的《せっきょくてき》に取《と》り入《い》れてください。なわとびも基礎体力強化《きそたいりょくきょうか》に適《てき》しています。これら以外《いがい》のいわゆる筋力《きんりょく》トレーニングはとくに必要《ひつよう》ありません。小学生《しょうがくせい》の間《あいだ》は骨格《こっかく》の発達《はったつ》が成長《せいちょう》の中心《ちゅうしん》なので、筋力強化《きんりょくきょうか》をしてもあまり効果《こうか》はありません。

走《はし》るトレーニングは目的《もくてき》によって長《なが》い距離《きょり》をゆっくり走《はし》る「持久走《じきゅうそう》」、長《なが》くても塁間《るいかん》ぐらいの距離《きょり》を全力《ぜんりょく》で走《はし》る「ダッシュ」、ベース1周《しゅう》などやや長《なが》めの距離《きょり》を走《はし》る「中間走《ちゅうかんそう》」に分《わ》かれます。

持久走《じきゅうそう》はその名前《なまえ》からもわかるように持久《じきゅう》力《りょく》を高《たか》めるのが目的《もくてき》で、ピッチャーには1年《ねん》中《じゅう》かかせないトレーニングですし、ほかの選《せん》手《しゅ》でも試合《しあい》があまりない冬《ふゆ》の間《あいだ》はしっかり走《はし》ってスタミナを強化《きょうか》します。また、ジョギングのようなゆっくりした走《はし》りは疲労《ひろう》の回復《かいふく》を早《はや》めるので、試合《しあい》の後《あと》などに行《おこな》うと効果的《こうかてき》です。

ダッシュは瞬発力《しゅんぱつりょく》のアップが目的《もくてき》なので、野手《やしゅ》にひつようなトレーニングです。ただ前《まえ》を向《む》いてスタートダッシュするだけだと単調《たんちょう》なので、後《うし》ろ向《む》きから、グラウンドに寝《ね》た姿《し》勢《せい》から、座《すわ》った姿勢《しせい》からというように変化《へんか》をつけて行《おこな》うといいでしょう。

中間走《ちゅうかんそう》は前記《ぜんき》2つの中間的《ちゅうかんてき》な意味《いみ》あいの練《れん》

練習《れんしゅう》を始《はじ》める前《まえ》に全員《ぜんいん》でグラウンドを周回《しゅうかい》するランニングは、体《からだ》を温《あたた》め筋肉《きんにく》をほぐし、ケガを防《ふせ》ぐのにも役《やく》立《だ》ちます。また、毎回続《まいかいつづ》けることによって、持久力《じきゅうりょく》をつけるのにも役立《やくだ》ちます。気《き》を抜《ぬ》かずにしっかりとランニングしましょう。

ダッシュのトレーニングは瞬発力《しゅんぱつりょく》の強化《きょうか》になります。短時間《たんじかん》でもかならず練習《れんしゅう》に取《と》り入《い》れましょう。

習《しゅう》になります。ベースランニングを毎《まい》週《しゅう》の練習《れんしゅう》に取《と》り入《い》れていれば十分《じゅうぶん》ですが、一定期間《いっていきかん》ごとに100m走《そう》のタイムを記録《きろく》していくなどの方法《ほうほう》で練習《れんしゅう》に加《くわ》えるやり方《かた》もあります。

ウォームアップとクールダウン

練習《れんしゅう》や試合《しあい》の前《まえ》にストレッチやランニングをするのは、筋肉《きんにく》をやわらかくして体《からだ》を温《あたた》める（ウォームアップ）のが目的《もくてき》です。ウォームアップをきちんとしておけば手足《てあし》の筋肉《きんにく》は運動《うんどう》する準備《じゅんび》が整《ととの》うので、うまく動《うご》けるしケガをすることも少《すく》なくなります。

練習《れんしゅう》のあとに行《おこな》うストレッチやランニングなどの軽《かる》い運動《うんどう》（クールダウン）には、筋肉《きんにく》の疲《つか》れをとるという目的《もくてき》があります。運動《うんどう》をすると筋肉《きんにく》のなかには疲《つか》れや痛《いた》みの元《もと》になる物質《ぶっしつ》がたまります。軽《かる》く体《からだ》を動《うご》かすとその物質《ぶっしつ》が筋肉《きんにく》から出《で》ていきやすくなるので、疲《つか》れがはやくとれるのです。ウォームアップと同《おな》じようにクールダウンもしっかりやる習慣《しゅうかん》をつけましょう。

チームの練習《れんしゅう》メニュー

少年野球《しょうねんやきゅう》は地域《ちいき》によって大会《たいかい》の開催時期《かいさいじき》が大《おお》きく違《ちが》ったりするので、プレシーズンやシーズンインの時期《じき》は一定《いってい》ではないのですが、11月半《がつなか》ばから翌年《よくねん》の1月末《がつすえ》までは地域《ちいき》にかかわらずおおむねシーズンオフにあたると思《おも》います。この時期《じき》は基礎体力《きそたいりょく》の強化《きょうか》に集中《しゅうちゅう》する期間《きかん》なので、極端《きょくたん》にいえば野球《やきゅう》のボールやバットに触《さわ》らなくてもいいと考《かんが》えても間違《まちが》いではないでしょう。

ボールをまったく触《さわ》らないのは無理《むり》にしても、ランニングやなわとびなどの時間《じかん》を多《おお》くとり、可能《かのう》ならサッカーやバスケットボール、バドミントンなどほかのスポーツも取《と》り入《い》れたいものです。とくに小学生《しょうがくせい》では体《からだ》のバランスのいい発達《はったつ》につながります。

2月《がつ》からは少《すこ》し練習《れんしゅう》の内容《ないよう》をかえてキャッチボールや素振《すぶ》りを加《くわ》えます。基礎体力強化《きそたいりょくきょうか》の比重《ひじゅう》はまだ大《おお》きいのですが、野球《やきゅう》の基本的《きほんてき》なフォーム固《がた》めに入《はい》るわけです。

試合《しあい》が多《おお》くなってくる3～4月初旬《がつしょじゅん》から初《しょ》冬《とう》までの長《なが》い期間《きかん》がいわゆるシーズンになり、練習《れんしゅう》も実戦主体《じっせんしゅたい》のものに変《かわ》ります。毎週《まいしゅう》土曜日《どようび》に練習《れんしゅう》をして日曜日《にちようび》に試合《しあい》、試合《しあい》が終《お》わってから時間《じかん》に余裕《よゆう》があれば練習《れんしゅう》というパターンを想定《そうてい》して、土曜日《どようび》の練習《れんしゅう》スケジュール例《れい》を次《つぎ》のページに紹介《しょうかい》しておきます。

1年間《ねんかん》のスケジュール

Feb	Mar	Apr	May	Jun	Jul	Aug	Sep	Oct	Nov	Dec	Jan
2月	3月	4月	5月	6月	7月	8月	9月	10月	11月	12月	1月

プレシーズン

基礎《きそ》体力《たいりょく》とフォーム固《がた》め

- キャッチボール
- 素振《すぶ》り

シーズン

実戦的《じっせんてき》な個人《こじん》技術《ぎじゅつ》とチームプレーの強化《きょうか》

- 毎週《まいしゅう》土曜日《どようび》の終日《しゅうじつ》練習《れんしゅう》
- 毎週《まいしゅう》日曜日《にちようび》の試合《しあい》と試合後《しあいご》の練習《れんしゅう》

オフシーズン

主眼《しゅがん》は基礎《きそ》体力《たいりょく》

- ランニング
- なわとび
- サッカー
- バスケットボール
- バドミントン

などの他《ほか》のスポーツ

1日《にち》の練習《れんしゅう》スケジュール

8:30	**8:30スタート。**	
9:00		●ストレッチ、ランニング、体操《たいそう》、ダッシュ ●キャッチボール、トスバッティング
	9:30	
10:00		●内外野《ないがいや》に分《わ》かれてのノック ●ピッチャーの練習《れんしゅう》
	10:30	休憩《きゅうけい》
11:00	**10:45**	●ピッチャーもふくめてのシートノック
12:00	**12:00**	
		昼食休憩《ちゅうしょくきゅうけい》
13:00	**13:00**	
14:00		●ランニング ●フリーバッティング （フォームチェックふくむ）
15:00	**15:00**	休憩《きゅうけい》
	15:15	
16:00		●シートバッティング
	16:45	
17:00		●ベースランニング
17:30	**17:30**	

集中力《しゅうちゅうりょく》を途《と》切《ぎ》れさせないためには、練習《れんしゅう》を30～40分《ぷん》で区《く》切《ぎ》って内容《ないよう》に変化《へんか》をつける工夫《くふう》もひつようです。たとえばノックを例《れい》にとると、30分間《ぷんかん》続《つづ》けたらあとの30分間《ぷんかん》はシートバッティングにするというようなことです。同《おな》じ守備《しゅび》練習《れんしゅう》でも気分《きぶん》をかえて取《と》り組《く》めます。

応急処置《おうきゅうしょち》の方法《ほうほう》

選手《せんしゅ》がケガをしたときにグラウンドでできることは限《かぎ》られていますが、ポイントをおさえた応急処置《おうきゅうしょち》ができれば、症状《しょうじょう》を軽《かる》くして回復《かいふく》を早《はや》めることができます。

覚《おぼ》えておきたいRICE処置《しょち》

手首《てくび》や足首《あしくび》の捻挫《ねんざ》、突《つ》き指《ゆび》、打撲《だぼく》、骨折《こっせつ》など練習中《れんしゅうちゅう》に起《お》こりやすいケガの応急処置《おうきゅうしょち》には、すべてに通用《つうよう》する4つの基本項目《きほんこうもく》があります。「安静《あんせい》（REST)」「冷却《れいきゃく》（ICING)」「圧《あっ》迫《ぱく》（ＣＯＭＰＲＥＳＳＩＯＮ)」「挙上《きょじょう》(ELEVATION)」の4つで、それぞれの頭文《かしらも》字《じ》を組《く》み合《あ》わせて「RICE（ライス）処置《しょち》」といいます。RICE処置《しょち》の目的《もくてき》はケガをした部分《ぶぶん》に起《お》こる内出血《ないしゅっけつ》やはれを軽《かる》くすることで、処置《しょち》が早《はや》ければ早《はや》いほど効果《こうか》があがります。打撲《だぼく》などで外《そと》へも出血《しゅっけつ》しているときは、流水《りゅうすい》で傷《きず》を洗《あら》ってからの消毒《しょうどく》とRICE処置《しょち》を並行《へいこう》して行《おこな》います。

REST 安静《あんせい》

ベンチに寝《ね》かせる、座《すわ》らせるなどしてじっとさせること。骨折《こっせつ》が疑《うたが》われるようなときはバットや板切《いたき》れなどを添《そ》え木《ぎ》にして固定《こてい》します（できる範囲《はんい》で無理《むり》はしない）。ケガをした部《ぶ》位《い》だけでなく、息《いき》づかいや顔色《かおいろ》、意《い》識《しき》の状態《じょうたい》にも気《き》を配《くば》ってください。

ICING 冷却《れいきゃく》

氷水《こおりみず》、コールドスプレー、保冷剤《ほれいざい》などでケガの部位《ぶい》を冷《ひ》やします。ケガをした直後《ちょくご》に行《おこな》えばはれや内出血《ないしゅっけつ》をかなりおさえることができます。部位《ぶい》によって氷《こおり》の袋《ふくろ》や保冷剤《ほれいざい》を体《からだ》に当《あ》てる方法《ほうほう》とバケツの氷水《こおりみず》に手足《てあし》をひたす方法《ほうほう》がありますが、どちらも1回《かい》15分間程度《ふんかんていど》にし、5〜10分間隔《ぶんかんかく》で何回《なんかい》か繰《く》り返《かえ》してください。

COMPRESSION 圧迫《あっぱく》

ケガの部位《ぶい》に布《ぬの》やスポンジを当《あ》て、その上《うえ》から包帯《ほうたい》、テーピングなどをやや強《つよ》めに巻《ま》きます（ぎゅうぎゅうに強《つよ》く巻《ま》くのは逆効果《ぎゃくこうか》です）。巻《ま》いている時間《じかん》は15〜20分程度《ぶんていど》です。これも内出血《ないしゅっけつ》とはれをおさえるためなので、圧迫《あっぱく》した上《うえ》から冷却《れいきゃく》するといいでしょう。

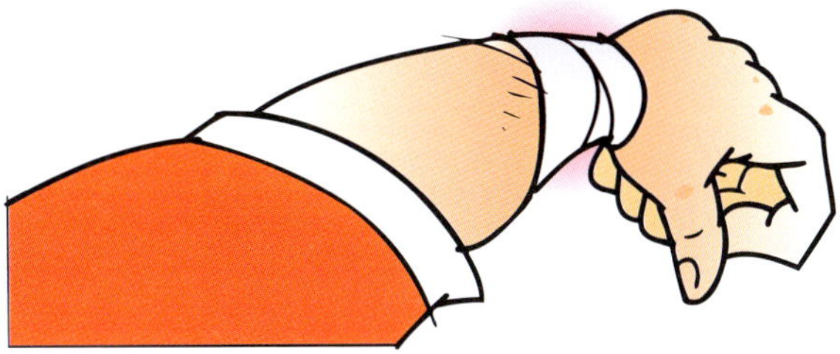

ELEVATION 挙上《きょじょう》

挙上《きょじょう》とはケガの部位《ぶい》を心臓《しんぞう》の位置《いち》より高《たか》くしておくことです。足首《あしくび》やひざなら寝《ね》た状態《じょうたい》で頭《あたま》より足《あし》のほうを高《たか》くする、手首《てくび》やひじなら三角巾《さんかくきん》でつる、突《つ》き指《ゆび》なら手《て》を上《うえ》にあげておくというような方法《ほうほう》で、ケガの部位《ぶい》に入《はい》ってくる血液《けつえき》とリンパ液《えき》の量《りょう》が少《すく》なくなるのではれが小《ちい》さくなります。

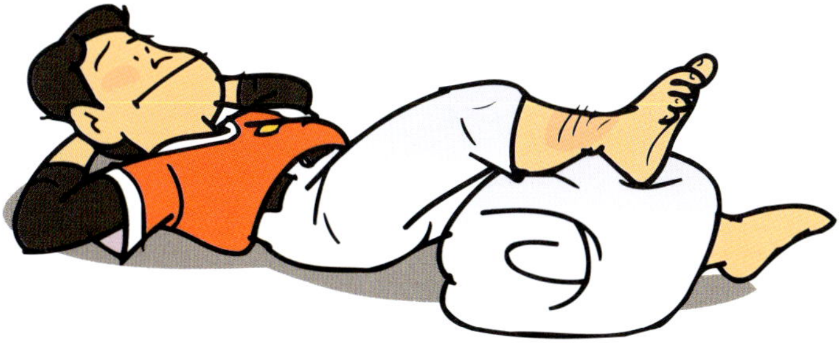

夏期練習《かきれんしゅう》で気《き》をつけること

　夏《なつ》の練習《れんしゅう》では通常《つうじょう》のケガに加《くわ》えて熱中症《ねっちゅうしょう》の予防《よぼう》にも気《き》を配《くば》らなければなりません。とくに小学生《しょうがくせい》は大人《おとな》に比《くら》べると体力《たいりょく》がないので注意《ちゅうい》が必要《ひつよう》です。すぐに実行《じっこう》できる予防策《よぼうさく》は、長時間《ちょうじかん》の練習《れんしゅう》をやめてひんぱんに休憩《きゅうけい》をとることと水分《すいぶん》を十分《じゅうぶん》に補給《ほきゅう》させることです。水分《すいぶん》の補給《ほきゅう》はのどが渇《かわ》く前《まえ》に少量《しょうりょう》を回数多《かいすうおお》く飲《の》むのがベストなので、暑《あつ》い日《ひ》は15分間《ふんかん》に1度《ど》ぐらいのペースでコップ1杯程度《ばいていど》は飲《の》ませるようにしましょう。

　熱《あつ》さで気分《きぶん》が悪《わる》くなった選手《せんしゅ》が出《で》たときは、すぐに日陰《ひかげ》で休《やす》ませて水分《すいぶん》をとらせ濡《ぬ》れタオルなどで体全体《からだぜんたい》を冷《ひ》やします。熱中症《ねっちゅうしょう》でもっとも軽《かる》い熱疲労《ねつひろう》ならこれで回復《かいふく》することも少《すく》なくありません。ただし、症状《しょうじょう》が回復《かいふく》せずに体温《たいおん》が異常《いじょう》にあがって顔《かお》が赤《あか》くなってくるようだと「熱射病《ねっしゃびょう》」の可能性《かのうせい》が高《たか》いのですぐに病院《びょういん》へ運《はこ》ばなければなりません。

水分《すいぶん》の補給《ほきゅう》は回数《かいすう》を多《おお》く。スポーツドリンクなら水《みず》で2倍《ばい》に薄《うす》めたほうが体《からだ》への吸収《きゅうしゅう》が早《はや》くなります。

気分《きぶん》が悪《わる》くなったらすぐに練習《れんしゅう》を中断《ちゅうだん》して日陰《ひかげ》へ。避難場所《ひなんばしょ》に使《つか》える風通《かざとお》しのいい日陰《ひかげ》をあらかじめさがしておきましょう。

汗《あせ》をいっぱいかいて顔《かお》が青《あお》くなるという状態《じょうたい》だと、水《みず》を飲《の》ませて体《からだ》を冷《ひ》やしてあげます。タオルなどが足《た》りない場合《ばあい》は、直接水《ちょくせつみず》をかけてもかまいません。

用意《ようい》しておきたい物《もの》と確認《かくにん》しておくこと

チームで用意《ようい》する救急箱《きゅうきゅうばこ》には、消毒液《しょうどくえき》、救急《きゅうきゅう》バンソウコウ、包帯《ほうたい》、ガーゼ、コットンなどに加《くわ》えて、目薬《めぐすり》、コールドスプレー、テーピング用《よう》のテープ（幅《はば》の違《ちが》うものを数種類《すうしゅるい》）を入《い》れておきましょう。応急《おうきゅう》のRICE処置《しょち》をしなければならなくなったときにそなえて、クーラーボックスにアイスパックや氷《こおり》も用意《ようい》しておきたいものです。また、清潔《せいけつ》なタオル、バスタオルもたくさんあればいざというときにとても役《やく》に立《た》ちます。

応急処置《おうきゅうしょち》だけでは対応《たいおう》できないケガをしたときのために、練習《れんしゅう》で使用《しよう》しているグラウンドの近《ちか》くの医療機関《いりょうきかん》（外科《げか》、整形外科《せいけいげか》）をチェックしておくこともたいせつです。土曜《どよう》の午後《ごご》や日曜《にちよう》はほとんどの医療機関《いりょうきかん》が休《やす》みですから、万一《まんいち》の場合《ばあい》の対応《たいおう》についてできればあらかじめ医師《いし》と相談《そうだん》しておければベストです。救急車《きゅうきゅうしゃ》をよぶほどではないが、自分《じぶん》たちの処置《しょち》では不安《ふあん》というケガは決《けっ》して少《すく》なくありません。

スコアブックのつけ方《かた》

　スコアブックの記入方法《きにゅうほうほう》にはもちろん一定《いってい》のやり方《かた》がありますが、どこまで詳《くわ》しく記入《きにゅう》するかとか、これだけは絶対《ぜったい》に記入《きにゅう》しなければならないといった決《き》まりはありません。自分《じぶん》のチーム内《ない》だけで通用《つうよう》する記号《きごう》や記入方法《きにゅうほうほう》を使《つか》ってもかまわないのです。ここでは基本的《きほんてき》な事項《じこう》を中心《ちゅうしん》に説明《せつめい》しますから、どんどんオリジナルの工夫《くふう》を加《くわ》えていってください。

「メンバー表《ひょう》」

　試合《しあい》が始《はじ》まる前《まえ》にゲームの日付《ひづ》けや球場名《きゅうじょうめい》などとともに先発《せんぱつ》メンバーを記入《きにゅう》しておきます。メンバー表《ひょう》は左端《ひだりはし》へ打順《だじゅん》で記入《きにゅう》するようになっていて、1枠《わく》に3人分《にんぶん》のスペースがあります。これは選手《せんしゅ》が交代《こうたい》したときのためで、選手交代《せんしゅこうたい》はまず交代《こうたい》があった打席《だせき》のマス目《め》に代打《だいだ》（代走《だいそう》）なら≋、守備《しゅび》なら〰と選手名《せんしゅめい》を書《か》き、そのあとでメンバー表《ひょう》に記入《きにゅう》します。ピッチャーが交代《こうたい》したときは相手《あいて》チームの打席《だせき》のマスに〰を引いて名前《なまえ》を入《い》れておきます。

「ヒット」

　各打席《かくだせき》の結果《けっか》はマス目《め》に記入《きにゅう》します。ボールカウントは左《ひだり》のたてのスペース、打撃結果《だげきけっか》は4分割《ぶんかつ》されたマス、中央《ちゅうおう》のひし形《がた》の部分《ぶぶん》へはアウトカウント（ローマ数字《すうじ》）か得点《とくてん》（点《てん》が入《はい》ったら○）を書《か》きます。打撃結果《だげきけっか》で記入《きにゅう》する項目《こうもく》は、ヒットの場合《ばあい》なら打球《だきゅう》の方向《ほうこう》と種類《しゅるい》（ゴロ、フライ、ライナー）、単打《たんだ》か長打《ちょうだ》かで、方向《ほうこう》は守備位置《しゅびいち》と「・」、種類《しゅるい》はゴロが⌣フライが⌢ライナーが—、単打《たんだ》か長打《ちょうだ》かはマス目《め》に引《ひ》く線《せん》で示《しめ》します。4分割《ぶんかつ》のマスは右下《みぎした》から反時計回《はんとけいまわ》りにダイヤモンドを表《あらわ》しています。フォアボールはB、敬遠《けいえん》は※B、死球《しきゅう》はDBと書《か》きます。

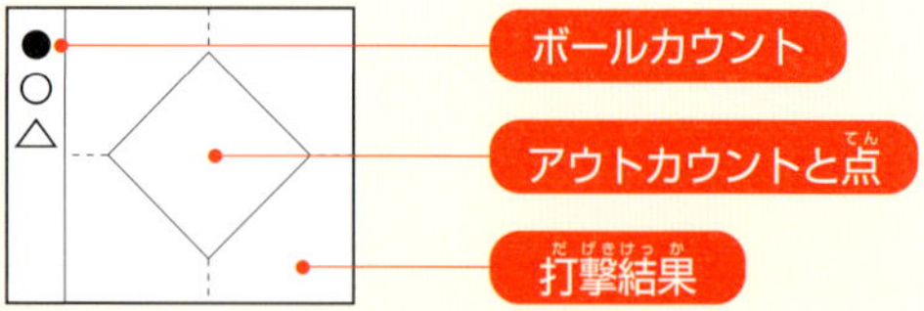

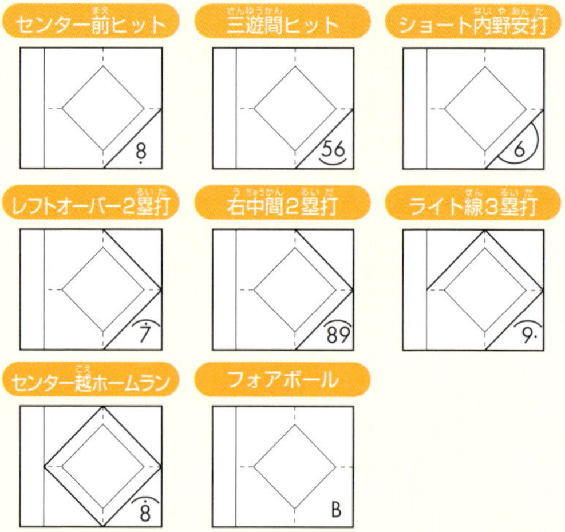

「アウト」

アウトの場合《ばあい》も打球《だきゅう》の方向《ほうこう》や種類《しゅるい》の記号《きごう》は同《おな》じですが、守備《しゅび》だとセカンドがゴロを捕《と》ってファーストでアウトというように二人《ふたり》以上《いじょう》の選手《せんしゅ》がかかわることが多《おお》いので、かかわった選手《せんしゅ》をかかわった順《じゅん》に並《なら》べます。セカンドライナーなら「4」ですが、セカンドゴロだと「4－3」になるわけです。ダブルプレーだとアウトが二人《ふたり》なので1アウト目《め》のマスに「5－4」2アウト目《め》のマスに「(5) 4－3」などと書《か》き、2つのマスの外側《そとがわ》を線《せん》でつないでダブルプレーを示《しめ》すDPと入《い》れます。三振《さんしん》はスイングアウトがK、見逃《みのが》しの三振《さんしん》はK°、ファウルフライでのアウトは9F、2Fなど守備位置《しゅびいち》にFをつけます。また、犠打《ぎだ》はバントのようなゴロなら四角《しかく》、犠牲《ぎせい》フライなら三角《さんかく》で囲《かこ》みます。

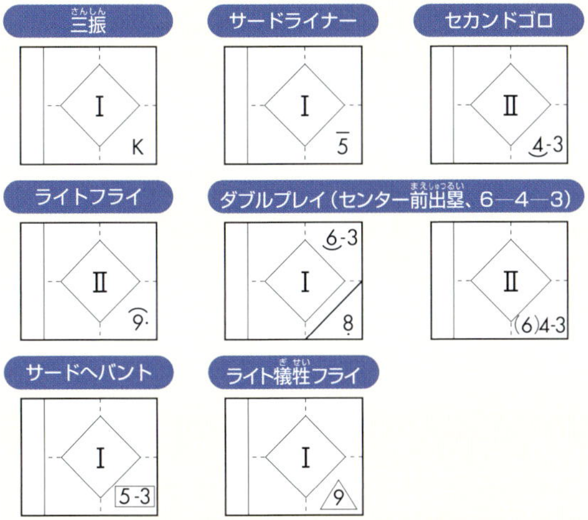

意味《いみ》	記号《きごう》	意味《いみ》	記号《きごう》	意味《いみ》	記号《きごう》	意味《いみ》	記号《きごう》
ボール	●	敬遠《けいえん》	＊B	打撃妨害《だげきぼうがい》	IF	アウトカウント	I.II.III
ストライク	○	死球《しきゅう》	D.B.	暴投《ぼうとう》	W.P.	内野安打《ないやあんだ》	╱⑥
空振《からぶ》りストライク	⊗	三振《さんしん》	K	パスボール	P.B.	チェンジ	//
ファウル	△	見逃《みのが》し三振《さんしん》	K°	ボーク	P	代打《だいだ》、代走《だいそう》	≈≈≈
バント空振《からぶ》り	⊖	ダブルプレー	D.P.	盗塁《とうるい》	S	守備交代《しゅびこうたい》	〰
バントファウル	⊙△	野選《やせん》	F.C.	重盗《じゅうとう》	D.S.		
四球《しきゅう》	B	守備妨害《しゅびぼうがい》	I.P.	得点《とくてん》	O		

「エラーと走塁《そうるい》」

エラーはエラーをした選手《せんしゅ》にEをつけます。サードがトンネルをしたら5E、サードの送球《そうきゅう》をファーストが落《お》としたら5－3Eです。フィルダースチョイスならFCをつけます。

ワイルドピッチ（WP)、パスボール（PB）などほかにも英語《えいご》の頭文字《かしらもじ》をつける例《れい》はかなりあります。

盗塁《とうるい》はSで何番打者《なんばんだしゃ》のときに走《はし》ったかを示《しめ》すために(6）などとつけます。これはふつうに進塁《しんるい》できたときも同《おな》じです。たとえば1塁《るい》ランナーが6番《ばん》センター前《まえ》ヒットの間《あいだ》に3塁《るい》へ進《すす》んだというような場合《ばあい》は1塁《るい》と3塁《るい》を矢印《やじるし》でつなげて（6）とカッコでくくって書《か》きます。その走塁《そうるい》でアウトになったら打順《だじゅん》ではなく野手《やしゅ》の送球順《そうきゅうじゅん》を書《か》き入《い》れます。また、ランダウンプレーになったときはかかわった野手全員《やしゅぜんいん》をかかわった順《じゅん》にならべて書《か》きます。

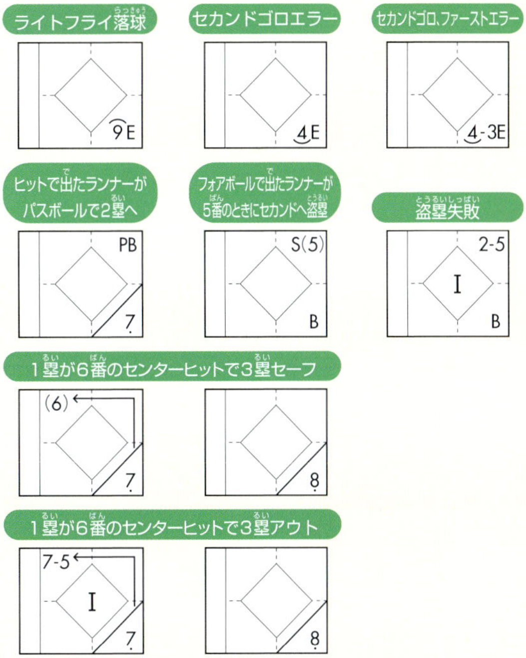

ジュニア野球
コーチングと練習メニュー

●協定により検印省略

監修者　田中慎太郎
発行者　池田　豊
印刷所　萩原印刷株式会社
製本所　萩原印刷株式会社
発行所　株式会社池田書店
東京都新宿区弁天町43番地
(〒162-0851)
電話(03)3267-6821(代表)
振替00120-9-60072

落丁、乱丁はおとりかえいたします。

ISBN4-262-16289-3

0502408

監修者
田中慎太郎(たなかしんたろう)
少年軟式野球チーム《ワイルドモンキーズ》総監督。
小さいときからスポーツが好きで、リトルリーグでも活躍。さまざまなスポーツのよいところを野球の練習に取り入れて、創意工夫をしながら少年たちを指導している。

構成・執筆
谷　敏朗

カバー・本文撮影
前田　恵介
徳永　茂

イラスト
松原　三千男

デザイン・DTP
志岐デザイン事務所
齋藤　清史
岡崎　善保
小山　巧
矢野　貴文

編集
スタジオ・ビーイング

撮影協力
ワイルドモンキーズ(青梅市少年野球連盟)
大江　佑樹
葛西　泰樹
木崎　弘明
指田　健太
嶋田　佳介
高山　裕貴
田中　匠
田中　智也
中村　敬士
細谷　高輝
茂木　佑太
森谷　篤史
青野　夏樹

取材協力
モリタスポーツ
電話(042)391-0202
http://homepage2.nifty.com/morita-sport/